Fabrice NOUANGA

Les Clés du Savoir-Vivre en Société

Fabrice NOUANGA

Les Clés du Savoir-Vivre en Société

Guide Pratique des Règles du Savoir-Vivre en Tout Milieu et en Toute Circonstance

Éditions Vie

Cover image: www.ingimage.com

Publisher:
Éditions Vie
is a trademark of
Dodo Books Indian Ocean Ltd. and OmniScriptum S.R.L publishing group

120 High Road, East Finchley, London, N2 9ED, United Kingdom
Str. Armeneasca 28/1, office 1, Chisinau MD-2012, Republic of Moldova, Europe
Printed at: see last page
ISBN: 978-613-9-59554-9

PREFACE

Bienvenus dans cet ouvrage dédié à l'art intemporel du savoir-vivre. À travers ces pages, nous entreprenons un voyage dans l'univers captivant de la courtoisie, de la communication respectueuse et de la reconnaissance des erreurs. Notre objectif est d'explorer ces concepts fondamentaux non pas comme des règles rigides, mais comme des joyaux scintillants qui peuvent enrichir nos vies quotidiennes.

Le savoir-vivre n'est pas simplement une série de normes sociales à suivre, mais plutôt un phare qui guide nos interactions avec élégance et compassion. Dans ce livre, nous plongerons dans les nuances des salutations courtoises, explorerons la puissance de la communication non violente, et comprendrons l'importance cruciale de reconnaître et de corriger nos erreurs.

À une époque où nos vies sont souvent rythmées par l'effervescence et la technologie, et l'influence pernicieuse des réseaux sociaux, prendre un moment pour réfléchir à la manière dont nous interagissons les uns avec les autres devient essentiel. La politesse devient une danse gracieuse à travers les multiples facettes de la vie, depuis les gestes simples du quotidien jusqu'aux moments plus complexes dans la rue, au sein de la famille, du couple, et au travail.

La communication non violente émerge comme une lanterne éclairante, offrant des clés pour des échanges empreints de respect et de compréhension. Nous explorerons comment chaque mot, chaque expression peut être une occasion de construire des ponts plutôt que des murs, de favoriser la compréhension plutôt que le conflit. La section sur la reconnaissance et la correction des erreurs nous rappelle l'humanité commune qui nous lie tous. Nous découvrirons comment admettre nos erreurs, loin d'être un signe de faiblesse, devient un puissant levier de croissance personnelle et de consolidation des liens interpersonnels. Alors, prenons une pause dans le tumulte de nos vies modernes et plongeons ensemble dans cet art du savoir-vivre. Que ces pages vous inspirent à intégrer ces enseignements dans votre quotidien, à créer des connexions significatives et à contribuer à un monde où la courtoisie et la bienveillance sont des phares guidant notre chemin.

Bonne lecture et que ce livre soit une source d'inspiration pour une vie imprégnée de respect, de compréhension et d'authenticité.

Bien à vous,

L'auteur, Fabrice NOUANGA

INTRODUCTION

Dans un monde où les interactions sociales revêtent une importance capitale, la connaissance des codes du savoir-vivre devient un atout précieux. L'ouvrage « **Les clés du savoir-vivre en société** » se propose comme votre guide inestimable dans cette quête d'élégance et de respect mutuel. Au fil des pages de cet ouvrage, nous plongerons ensemble dans l'art subtil du respect, de la politesse, de la courtoisie et de la discrétion, explorant les nuances de l'étiquette qui tissent la trame d'une vie quotidienne riche et épanouissante.

L'étiquette, souvent perçue comme une formalité obsolète, revêt en réalité une importance intemporelle. Elle transcende les époques, offrant un cadre précieux pour des relations humaines empreintes de respect et de considération. Ce livre, fruit d'une exploration approfondie des normes sociales, propose un éclairage contemporain sur ces règles intemporelles, les adaptant au rythme effréné de la vie moderne.

À travers des conseils pratiques et des exemples concrets, « **Les clés du savoir-vivre en société** » vous accompagnera dans la navigation délicate des situations sociales, qu'elles soient professionnelles, familiales ou amicales. Car savoir se comporter avec élégance et assurance ne se limite pas à un simple protocole, mais constitue une clé essentielle pour créer des liens authentiques et durables.

En parcourant les chapitres de ce livre, vous découvrirez les subtilités du langage non verbal, les astuces pour des conversations fluides et agréables, ainsi que les règles tacites qui guident les comportements au quotidien. Que vous soyez en quête d'une meilleure compréhension des usages sociaux ou désireux d'affiner votre présence dans des situations variées, « **Les clés du savoir-vivre en société** » se veut votre compagnon précieux vers une vie empreinte d'harmonie et de bienveillance. Au-delà de l'apprentissage des règles formelles, ce livre aspire à vous aider à intégrer le savoir-vivre comme une seconde nature, insufflant une touche de grâce à chacun de vos gestes. Car le véritable savoir-vivre transcende les règles édictées pour devenir une manière d'être, une attitude qui reflète la considération envers autrui et la conscience de l'impact de nos actions.

Chaque page de cet ouvrage est une invitation à la réflexion, à la découverte de soi et à l'amélioration constante. Nous explorerons ensemble la façon dont le respect des autres et de soi-même peut devenir la pierre angulaire d'une vie pleine de sens. Des anecdotes inspirantes, des témoignages et des mises en situation viendront enrichir notre parcours, illustrant la puissance transformative du savoir-vivre dans toutes les sphères de la vie.

En embrassant les clés du savoir-vivre au quotidien, vous serez mieux préparé€ à affronter les défis sociaux contemporains tout en préservant votre authenticité. Que vous soyez en société, au travail ou dans le cercle familial, ces clés vous guideront vers une présence positive et influente.

Préparez-vous à explorer non seulement les règles établies, mais aussi à les adapter avec subtilité à des contextes divers. « **Les clés du savoir-vivre en société** » vous accompagnera dans votre quête de maîtrise des codes sociaux, tout en vous encourageant à créer des moments de connexion authentique.

L'art de bien vivre ne se limite pas à des formalités superficielles, mais repose sur des principes profonds de respect, de courtoisie et d'empathie envers autrui. En parcourant ces pages, vous découvrirez des conseils pratiques et des insights pour naviguer avec grâce à travers les divers aspects de la vie quotidienne.

Que vous soyez en quête d'une meilleure compréhension des interactions sociales, désireux d'améliorer vos relations personnelles ou professionnelles, ce livre offre une perspective éclairante sur la manière dont les petites actions peuvent avoir un impact significatif sur la qualité de nos vies et de celles de ceux qui nous entourent.

Préparez-vous à explorer les nuances de l'écoute active, de la politesse, de la discrétion, et bien plus encore. Ensemble, plongeons dans ce voyage vers un art de vivre où le respect, la bienveillance et la compréhension mutuelle sont les piliers d'une vie pleinement vécue.

Au fil des chapitres, nous examinerons en détail les divers aspects du respect envers autrui, la manière dont la politesse peut enrichir nos interactions, et comment la courtoisie peut créer des liens durables. Nous plongerons également dans l'importance de la discrétion et de l'empathie, des éléments cruciaux pour naviguer avec succès à travers les nuances des relations humaines. Bienvenus dans un voyage vers l'art exquis du vivre-ensemble.

CHAPITRE 1

Respect Envers Autrui, Pilier Fondamental du Savoir-Vivre

Le respect envers autrui, forme le socle sur lequel s'érigent des relations humaines épanouissantes. Ce premier chapitre nous invite à explorer les multiples facettes du respect, à comprendre comment ses nuances enrichissent nos interactions quotidiennes. Ce chapitre nous convie à plonger dans les profondeurs du respect envers autrui, à saisir comment cette vertu peut être la fondation d'une vie sociale épanouissante. Explorez, réfléchissez, et préparez-vous à mettre en pratique ces enseignements dans les pages suivantes de votre propre histoire du savoir-vivre.

Le respect envers autrui repose sur des fondements solides qui façonnent la qualité de nos interactions. Dans cette section, nous plongerons dans les éléments essentiels qui forment le socle du respect, guidant ainsi nos comportements et attitudes quotidiens.

Tout commence par la Considération Mutuelle. La considération, comme pilier du respect, explore comment prendre en compte les sentiments, les besoins et les perspectives des autres. Cette qualité fondamentale peut transformer nos interactions, créant un terrain propice à l'harmonie et à la compréhension mutuelle. Prenons le contexte familial, où faire preuve de considération mutuelle en organisant une sortie qui tient compte des préférences de chacun peut contribuer à renforcer les liens familiaux et à créer une atmosphère chaleureuse. Cette toute petite attention et considération témoigne du respect que vous avez envers toute la famille.

La considération mutuelle émerge donc comme une force transformative. Les petites attentions, comme prendre le temps de demander comment a été la journée de quelqu'un, créent un environnement où chacun se sent entendu et apprécié. Ces gestes, bien que simples, tissent un réseau subtil de connexions qui contribuent à forger des liens solides.

A côté de cette considération mutuelle, il faut développer l'écoute active. Cette écoute active émerge comme une clé du respect. Une écoute véritable, dénuée de jugement, peut non seulement renforcer les relations, mais également témoigner d'une considération sincère envers autrui. Je connais une amie, qui, lors des conversations entre amis, pratique toujours l'écoute active en reformulant les idées de ses amis pour s'assurer qu'elle les avait bien comprises. Cette pratique, depuis qu'elle l'exerce, a favorisé une communication claire et a renforcé la connexion entre eux.

Je connais également un collègue, qui, au sein d'une équipe de travail, démontre toujours une écoute active en posant des questions ouvertes et en écoutant attentivement les réponses de ses collègues. Cette approche a tellement stimulé la créativité et la collaboration au sein du groupe.

L'écoute active, se révèle ainsi être un catalyseur puissant pour des dialogues clairs et constructifs. Les exemples montrent comment reformuler les idées et poser des questions ouvertes engendrent une compréhension approfondie et favorisent une communication efficace.

Le Respect envers Autrui passe également par l'acceptation des Différences. La diversité des perspectives est célébrée dans cette partie. Il est donc très important d'embrasser et de respecter les différences individuelles, qu'elles soient culturelles, sociales ou personnelles. Cette acceptation de l'autre permet de bâtir des ponts solides plutôt que des barrières fragiles.

Lors d'un repas partagé entre collègues d'origines diverses, chacun des collègues pourrait par exemple commander un plat traditionnel de sa culture et le partager avec les autres sans dénigrer les leurs. Cette célébration des différences une ambiance inclusive et renforce le sentiment d'appartenance.

Une fois dans une de mes salles de classe, j'ai encouragé les élèves à partager leurs expériences culturelles. Cette acceptation des différentes perspectives culturelles a enrichi les discussions et a créé un environnement d'apprentissage plus dynamique dans la salle de classe.

L'acceptation des différences, célébrée à travers des repas culturels et des échanges interculturels, démontre que la diversité devient une source d'enrichissement. En embrassant ces différences, on crée un environnement où chacun peut s'épanouir et contribuer à la richesse collective.

En plus pour vraiment exprimer son respect pour l'autre, il faut développer l'empathie, ce joyau du respect, qui impose de se mettre authentiquement à la place d'autrui pour édifier des relations empreintes de considération et de bienveillance.

Lorsqu'un de vos collègues a par exemple connu des difficultés personnelles, exprimez-lui votre empathie en lui offrant votre soutien et en lui proposant votre aide. Cette démonstration d'empathie renforcé les liens au sein de l'équipe professionnelle.

Justement, j'ai connu un Monsieur, qui traversait une période très stressante. Pendant cette période stressante, un autre de ses collègues lui a démontré de l'empathie en comprenant les défis auxquels ce collègue était confronté. Ses paroles encourageantes et son soutien ont eu un impact significatif sur le moral de ce collègue éprouvé.

L'empathie, exprimée dans des moments de soutien et de compréhension, se révèle être le liant qui renforce les relations. Se mettre à la place d'autrui non seulement apaise les tensions, mais établit également une connexion émotionnelle significative.

Enfin, le respect d'autrui passe surtout par la délicate question du respect de la vie privée. Il est impératif de reconnaître et d'honorer les espaces personnels de chacun, créant ainsi un environnement où chacun se sent respecté et valorisé. En milieu professionnel par exemple, soyez attentifs au besoin de discrétion des collègues et évitez de leur poser des questions intrusives. Cette délicate considération pour la vie privée instaure un climat de confiance.

En famille, respectez la vie privée de son frère ou de sa sœur, en évitant de discuter de sujets sensibles. Cette prudence préserve l'harmonie familiale et renforce les liens fraternels.

Le respect de la vie privée, souligne l'importance de reconnaître et de respecter les limites individuelles. C'est une démonstration de respect profondément enracinée qui construit des bases solides pour des relations de confiance.

Comme nous le voyons donc, le respect envers autrui dans divers contextes de la vie quotidienne, crée ainsi des relations empreintes de considération et de compréhension mutuelle. Les fondements de ce respect nous plonge au cœur des valeurs qui nourrissent des relations harmonieuses.

À travers des exemples concrets et des anecdotes vivantes, découvrons comment les signes tangibles du respect peuvent illuminer notre quotidien.

Tenir la porte pour quelqu'un, dire « Merci » et « s'il vous plaît », ou offrir son aide dans des petites tâches. Ces gestes courtois témoignent d'un respect simple, mais essentiel, dans les interactions quotidiennes. Lors d'une journée pluvieuse, partager spontanément son parapluie avec une personne inconnue peut créer un moment chaleureux de connexion humaine.

Arriver à l'heure à un rendez-vous démontre du respect pour le temps des autres et renforce la confiance dans les relations professionnelles et personnelles. Etre conscient de l'importance de la ponctualité, en ajustant son emploi du temps pour éviter les retards, peut ainsi créer une dynamique de travail plus efficace. Faire preuve d'écoute active en maintenant un contact visuel, hochant la tête et posant des questions pertinentes, montrent un engagement authentique dans la conversation. Respecter la bulle d'intimité d'autrui dans les espaces publics, comme dans les files d'attente ou les transports en commun, contribue à un environnement respectueux. Ajuster sa position dans un ascenseur bondé pour donner plus d'espace à une personne à mobilité réduite, illustre ainsi une sensibilité particulière à la vie d'autrui. Exprimer sa reconnaissance par des gestes simples comme un sourire, un hochement de tête ou une poignée de main sincère souligne le respect envers ceux qui contribuent à notre bien-être. Prendre le temps de remercier individuellement les membres présents à une réunion, pour leurs efforts, renforce ainsi le sentiment d'appréciation au sein du groupe. Explorez ces signes tangibles du respect, et laissez-vous inspirer par la simplicité puissante de ces actions qui tissent le fil invisible de la considération et de la bienveillance dans notre vie quotidienne.

Ces valeurs nourrissent des relations harmonieuses. La considération mutuelle émerge comme une force transformative. Les petites attentions, comme prendre le temps de demander comment a été la journée de quelqu'un, créent un environnement où chacun se sent entendu et apprécié. Ces gestes, bien que simples, tissent un réseau subtil de connexions qui contribuent à forger des liens solides.

L'écoute active, quant à elle, se révèle être un catalyseur puissant pour des dialogues clairs et constructifs. Les exemples montrent comment reformuler les idées et poser des questions ouvertes engendrent une compréhension approfondie et favorisent une communication efficace.

L'acceptation des différences, célébrée à travers des repas culturels et des échanges interculturels, démontre que la diversité devient une source d'enrichissement. En embrassant ces différences, on crée un environnement où chacun peut s'épanouir et contribuer à la richesse collective.

L'empathie, exprimée dans des moments de soutien et de compréhension, se révèle être le liant qui renforce les relations. Ces exemples montrent que se mettre à la place d'autrui non seulement apaise les tensions, mais établit également une connexion émotionnelle significative.

Enfin, le respect de la vie privée, illustré par des exemples de discrétion et de prudence, souligne l'importance de reconnaître et de respecter les limites individuelles. C'est une démonstration de respect profondément enracinée qui construit des bases solides pour des relations de confiance.

Le respect, bien plus qu'une simple politesse formelle, est une attitude vivante qui se manifeste à travers des actions et des comportements conscients. Les exemples cités plus haut, nous invitent à intégrer ces fondements du respect dans notre quotidien, contribuant ainsi à créer un tissu social où chacun est valorisé, entendu et respecté.

Le respect d'autrui passe également dans l'art délicat de respecter les espaces personnels, une pratique cruciale pour cultiver des relations harmonieuses et équilibrées. Explorons comment cette considération subtile peut être exprimée à travers des exemples concrets et des anecdotes évocatrices.

Il faut avoir des Limites Physiques en évitant de se tenir trop près dans une conversation d'autrui, contribuant ainsi à créer un environnement confortable et favorisant ainsi une atmosphère de travail détendue. Il est également important de jouer l'équilibre entre proximité et distance. Et pour cela, il faudrait que dans les relations amicales ou familiales, l'on respecte le besoin de moments intimes tout en favorisant la connexion.

La Confidentialité est également de rigueur. Ainsi, il est nécessaire de préserver la confidentialité des informations personnelles partagées. Cela démontre d'un respect profond pour la vie privée d'autrui. Evitez donc de discuter d'un sujet avec d'autres quand vous en avez la teneur, instaurant ainsi une confiance renforcée.

Le Respect d'autrui passe par les besoins d'intimité. Il faudrait ainsi reconnaître et respecter les moments où les autres ont besoin d'intimité, que ce soit au travail, à la maison ou dans des relations amicales. Votre partenaire peut par exemple avoir besoin de temps seul pour se ressourcer. Respecter ce besoin, renforce ainsi la compréhension mutuelle dans votre relation.

Respecter les espaces personnels va au-delà de la simple distance physique, englobant la confidentialité, le respect des moments d'intimité et l'adaptation au confort individuel. Ces exemples illustrent comment cette délicate considération contribue à forger des relations épanouissantes et empreintes de respect.

Le respect des espaces personnels offre un regard approfondi sur l'importance de cette pratique subtile dans nos interactions quotidiennes, mettant en lumière la diversité des façons dont le respect des espaces personnels peut se manifester, allant au-delà de la simple distance physique.

Il est clair que cette considération délicate contribue à créer des environnements où chacun se sent à l'aise, respecté et compris. L'adaptation aux besoins individuels, que ce soit en ajustant sa proximité physique, en préservant la confidentialité des informations partagées, ou en reconnaissant les moments d'intimité, s'avère être une pierre angulaire des relations harmonieuses.

Respecter les espaces personnels ne se limite pas à maintenir une distance physique appropriée, c'est une danse délicate entre proximité et respect des limites individuelles. Ces pratiques contribuent à la création d'un tissu relationnel où chacun peut s'épanouir dans son propre espace, tout en étant pleinement intégré dans le monde social qui l'entoure.

Le respect envers autrui se traduit également par le Respect la Diversité Culturelle. Le respect d'autrui s'épanouit au travers de la diversité culturelle, enrichissant nos relations et contribuant à une compréhension profonde entre les individus. Plongeons dans des exemples concrets qui dévoilent la façon dont le respect transcende les frontières culturelles.

Poser des questions ouvertes pour en apprendre davantage sur la culture d'autrui, démontre une curiosité qui va au-delà des stéréotypes. Participer activement aux traditions culturelles d'autrui, montre ainsi un respect profond pour les pratiques et les rituels qui sont significatifs et renforce le lien culturel et créé des souvenirs partagés. S'adapter naturellement aux différences culturelles dans la communication et le comportement, créent un espace où chacun peut s'exprimer de manière authentique en favorisant ainsi une coopération harmonieuse. Reconnaître et respecter les diverses croyances religieuses ou spirituelles, crée un environnement où chacun peut pratiquer sa foi sans jugement. En organisant par exemple des réunions d'équipe qui prennent en compte les diverses fêtes religieuses des collègues, illustre un respect profond pour leurs croyances.

Travailler main dans la main avec des collègues issus de différentes cultures, valorise ainsi la richesse de perspectives et d'expertises, intégrant ainsi les différentes approches pour aboutir à un résultat exceptionnel.

Le respect d'autrui, nourri par une compréhension profonde de la diversité culturelle, crée des ponts entre les individus. Les exemples évoqués, illustrent comment cette forme de respect va au-delà de la tolérance, établissant une véritable connexion qui honore et célèbre les différences. Cela offre une exploration captivante des manières dont le respect s'épanouit au croisement des différentes cultures. Les exemples concrets et les anecdotes poignantes révèlent la beauté de la compréhension interculturelle et soulignent l'importance de la curiosité bienveillante, de la sensibilité aux traditions, de l'adaptabilité culturelle, du respect des croyances et de la collaboration interdisciplinaire.

Il est fascinant de voir comment la curiosité bienveillante peut ouvrir des portes vers des échanges culturels riches. La volonté de s'immerger dans les traditions d'autrui et de s'adapter naturellement à leurs différences culturelles témoigne d'une véritable considération. De plus, le respect des croyances religieuses ou spirituelles illustre la création d'un espace où chacun peut exprimer sa foi sans crainte de jugement.

La collaboration interdisciplinaire montre comment les équipes multiculturelles peuvent non seulement coexister mais également prospérer, tirant parti de la diversité pour atteindre des résultats exceptionnels. Cette section démontre ainsi que le respect, lorsqu'il est teinté de compréhension culturelle, devient une force puissante qui transcende les barrières et crée des liens authentiques. Cette exploration du respect d'autrui dans le contexte de la diversité culturelle nous encourage à embrasser la richesse des expériences culturelles, à approfondir notre compréhension les uns des autres et à créer un monde où chaque individu est valorisé pour sa contribution unique à la mosaïque culturelle globale.

Le respect d'autrui peut également s'explorer à travers l'humour, soulignant comment une approche humoristique peut renforcer les liens sans jamais compromettre la considération pour autrui. L'humour peut être un véhicule puissant de respect et de connexion.

Créer des blagues ou des anecdotes qui ne se moquent pas des caractéristiques individuelles, mais qui célèbrent plutôt des expériences partagées, favorise ainsi l'inclusion, suscitant des rires sans exclure personne. Construire des moments humoristiques qui évitent les stéréotypes culturels ou sociaux, privilégiant des formes d'humour qui rassemblent plutôt qu'ils ne divisent, crée ainsi un environnement professionnel positif. Utiliser l'auto-dérision de manière légère et positive, démontrant ainsi une humilité qui encourage un échange égalitaire, peut créer un climat détendu qui favorise une communication ouverte. Intégrer de l'humour au travail qui ne vise pas à dévaloriser, mais qui souligne plutôt des aspects comiques de la vie professionnelle partagée, crée ainsi un espace de travail agréable. Adapter son humour en fonction de l'auditoire, évitant les blagues qui pourraient être mal interprétées ou offensantes pour certains peut créer ainsi une expérience agréable pour tous.

Comme nous le constatons donc, l'humour respectueux peut être une formidable force de connexion avec autrui. L'lorsqu'il est utilisé avec délicatesse et conscience, l'humour devient un moyen puissant de renforcer les liens, de créer des moments de joie partagée, tout en préservant la dignité et le respect de chacun. L'humour respectueux met en lumière le pouvoir de l'humour comme un moyen subtil de renforcer les liens tout en préservant le respect mutuel, célébrant ainsi la diversité, favorisant l'inclusion et évitant tout élément offensant.

L'humour inclusif, illustré par des anecdotes de partage d'expériences communes, montre comment l'humour peut être un catalyseur d'inclusion sociale. Éviter les stéréotypes, comme le démontrent les exemples, souligne l'importance de construire des moments humoristiques qui rassemblent plutôt qu'ils ne séparent. L'utilisation de l'auto-dérision, crée un espace d'humilité partagée, favorisant un échange égalitaire et renforçant les relations. L'intégration de l'humour au travail, avec des exemples de séances de remue-méninges et de présentations, montre comment l'humour peut contribuer à un environnement professionnel positif. La sensibilité à l'auditoire démontre la conscience nécessaire lors de l'utilisation de l'humour dans des contextes variés.

L'humour respectueux, lorsqu'il est employé de manière réfléchie, peut être un puissant outil de connexion sociale, contribuant à un environnement où chacun peut partager des moments légers et joyeux sans compromettre le respect et la dignité.

Au demeurant, nous devons donc savoir que, le respect d'autrui, bien plus qu'une simple politesse formelle, est une attitude vivante qui se manifeste à travers des actions et des comportements conscients. Nous devons impérativement intégrer les fondements du respect d'autrui dans notre quotidien, contribuant ainsi à créer un tissu social où chacun est valorisé, entendu et respecté.

CHAPITRE 2

La Politesse, Pilier des Relations Harmonieuses

Dans ce deuxième chapitre, nous explorons la dimension cruciale de la politesse, un élément essentiel de l'art de bien vivre. La politesse va bien au-delà des formules rituelles ; elle est le reflet de notre respect envers autrui et contribue à créer des relations harmonieuses.

Décortiquons les principes fondamentaux de la politesse, des salutations courtoises aux gestes simples mais significatifs. Explorez comment cette pratique transcende les frontières culturelles et devient un langage universel de respect.

En plongeant dans ce chapitre, nous développerons une compréhension approfondie de la politesse en tant que pilier essentiel des relations harmonieuses et donc du savoir-vivre en société. Que ce soit au bureau, à la maison ou dans le monde virtuel, la politesse devient la clé pour construire des relations durables et pour créer un environnement empreint de respect mutuel. Préparez-vous à explorer les nuances de cet art subtil et à l'intégrer dans chaque aspect de votre vie quotidienne.

La politesse constitue la première pierre sur laquelle repose l'édifice des relations harmonieuses. En comprenant les fondements de la politesse, nous jetons les bases d'une communication respectueuse et chaleureuse. En comprenant ces fondements, vous serez mieux équipé pour intégrer la politesse dans chaque interaction, créant ainsi un cadre où le respect mutuel devient une norme. Ces principes, simples en apparence, sont les éléments constitutifs d'un savoir-vivre qui transcende les barrières culturelles et renforce les liens humains. Parmi ces fondements de la politesse ; notons :

Les salutations courtoises sont bien plus qu'une simple formalité ; elles constituent le prélude d'une interaction respectueuse. Que ce soit un « Bonjour » matinal ou un « Bonsoir » en fin de journée, ces mots simples transcendent les barrières de la communication pour créer une atmosphère accueillante. Lorsqu'on prend le temps de saluer quelqu'un de manière courtoise, on envoie un message puissant de reconnaissance et d'égard. Cela crée un point de départ positif pour toute interaction à venir. Un simple « Bonjour » peut illuminer le visage de quelqu'un, établissant immédiatement une connexion chaleureuse.

Imaginez une matinée ensoleillée dans un restaurant animé. Chacun est plongé dans ses pensées ou absorbé par son téléphone. Cependant, un client entre, regarde autour de lui et offre un « Bonjour » sincère au barista et aux autres clients. Cette simple salutation brise la routine, élevant l'ambiance du restaurant. Les gens lèvent les yeux, sourient, et une énergie positive se propage, transformant l'endroit en un espace où chacun se sent connecté.

Imaginez également que vous vous retrouvez dans un contexte professionnel, lors d'une réunion tendue, le chef hiérarchique qui la préside débute la réunion en saluant chaque membre de l'équipe avec un « Bonsoir » cordial. Ce petit geste dans l'ordre du jour réoriente l'atmosphère. Les tensions se dissipent, et les membres de l'équipe se sentent reconnus non seulement en tant que professionnels, mais aussi en tant qu'individus. Cette simple salutation contribue à créer une équipe plus unie et engagée.

Imaginez encore que vous êtes dans l'agitation d'un bus de transport en commun, où la plupart des passagers se plongent dans leurs pensées ou fixent leurs téléphones, une femme décide de rompre la monotonie. En entrant dans le bus bondé, elle lève la tête et offre un « Bonjour » joyeux aux personnes à proximité. Initialement surpris, plusieurs passagers répondent avec des sourires. Cette salutation inattendue crée un moment éphémère de connexion au milieu de l'anonymat urbain, rappelant que même dans la foule, un simple salut peut égayer le quotidien.

Imaginez finalement que lors d'une réunion de famille étendue, où les cousins, oncles et tantes se retrouvent, votre jeune neveu décide de saluer chacun individuellement en entrant dans la pièce. Un « Bonsoir » enthousiaste est accompagné d'un contact visuel et d'une poignée de main chaleureuse. Ce geste, souvent réservé aux adultes, suscite un sentiment d'inclusion et de respect mutuel au sein de la famille. Les adultes sont touchés par cette politesse précoce, créant une atmosphère de convivialité au sein du groupe familial.

Ces anecdotes illustrent comment les salutations courtoises transcendent les contextes, apportant de la lumière là où règne la monotonie, créant des liens inattendus et renforçant les relations familiales. Elles soulignent la puissance d'un simple « Bonjour » ou « Bonsoir » pour établir des connexions authentiques, même dans des situations ordinaires de la vie quotidienne.

En comprenant la puissance des salutations courtoises, nous réalisons qu'elles ne sont pas simplement des formalités vides, mais des expressions significatives de considération envers autrui. Que ce soit dans un cadre professionnel ou social, ces petits gestes ont le pouvoir de transformer l'ambiance, établissant ainsi les bases d'une communication respectueuse et de relations épanouissantes.

Ainsi, la politesse ne se limite pas à des moments formels ; elle s'exprime pleinement dans les détails du quotidien. La politesse, lorsqu'elle devient une partie intégrante de notre quotidien, peut se manifester de manière inventive et souvent humoristique. Cette approche dynamique de la politesse transcende les gestes routiniers pour créer des moments de connexion authentique et de légèreté.

La créativité dans l'expression de la politesse n'est pas simplement une question de divertissement, mais aussi une façon de montrer à autrui que l'on accorde de l'importance aux interactions les plus simples. Les anecdotes ci-dessus illustrent comment un soupçon d'humour peut transformer des actes courtois en expériences mémorables.

Intégrer la politesse de manière inventive a un impact direct sur l'ambiance des différents environnements, que ce soit au travail, dans des cafés animés, ou même dans l'ascenseur. Ces moments légers de courtoisie contribuent à créer des espaces où règnent la positivité et l'inclusion, renforçant ainsi les liens sociaux. Au bureau, introduire des rituels de politesse créatifs peut également stimuler l'innovation dans les relations professionnelles. En prenant le temps de partager des compliments sincères avant de se plonger dans les tâches du jour, on crée une culture d'appréciation mutuelle, propice à la collaboration et à la créativité. Prenons quelques exemples :

Dans un café animé, un client décide de mettre un peu de fantaisie dans sa politesse. Plutôt que de simplement dire « S'il vous plaît, un café », il demande avec un sourire espiègle : « Pourrais-je, par la grâce de votre cafetière magique, obtenir l'élixir stimulant du matin, s'il vous plaît ? » Le barista, amusé par cette demande, sert le café avec un clin d'œil. Une simple politesse transformée en un moment de légèreté.

Au bureau, un employé introduit un rituel de politesse inattendu. Avant de commencer les réunions, chacun partage un petit compliment ou remerciement envers un collègue. Ce moment de courtoisie instantanée ne manque pas de susciter des sourires et de créer une atmosphère positive avant d'aborder les questions professionnelles. À l'ascenseur d'un immeuble ministériel, un usager décide de mettre un peu de galanterie humoristique dans sa politesse. Il tient la porte ouverte et dit à un autre usager dame : « Votre carrosse, madame. » Cette touche d'humour léger égaye la journée des passagers et crée un moment d'échange amusant dans un lieu souvent silencieux.

Lors d'un dîner entre amis, au lieu de simplement dire « Merci pour le repas délicieux », un convive exprime sa gratitude de manière inventive aux hôtes qui ont organisé le dîner : « Mes papilles gustatives vous envoient des applaudissements debout, chef ! » Cette expression de politesse, empreinte d'humour, ajoute une note joyeuse à la fin du repas.

Ces exemples démontrent comment la politesse peut être expressément incorporée dans notre vie quotidienne de manière créative et amusante. En apportant une touche d'humour à la politesse, on transforme des gestes ordinaires en moments mémorables et on crée une atmosphère où le respect mutuel se marie harmonieusement avec la joie de vivre. Les gestes courtois, souvent considérés comme ordinaires, peuvent être réinventés pour apporter une touche d'originalité et de convivialité à notre quotidien.

En poursuivant cette approche inventive de la politesse, non seulement nous égayons notre propre vie, mais nous contribuons également à créer des environnements sociaux où la gentillesse et le respect deviennent des éléments contagieux. Dans la vie de tous les jours, la politesse peut être bien plus qu'une simple formalité ; elle peut être une source de joie, de connexion et d'inspiration pour tous ceux qui en font l'expérience. Les bienfaits de la politesse au quotidien vont bien au-delà des simples conventions sociales. Intégrer la politesse dans nos interactions quotidiennes apporte une multitude d'avantages, contribuant positivement à notre bien-être personnel et à la qualité de nos relations.

La politesse crée une atmosphère positive dans tous les contextes, que ce soit à la maison, au travail ou dans des espaces publics. Les expressions courtoises introduisent une note agréable, favorisant ainsi un environnement propice à des interactions harmonieuses. Imaginez-vous entrant dans une réunion matinale au bureau, chaque collègue commence par échanger des salutations chaleureuses. Ce rituel crée une atmosphère positive qui persiste tout au long de la journée, favorisant un environnement de travail agréable.

La politesse renforce les liens sociaux en établissant une connexion chaleureuse entre les individus. Les petites politesses, comme saluer, remercier ou tenir la porte, contribuent à forger des relations plus étroites et durables. Imaginez-vous, lors d'un événement communautaire dans votre quartier, un voisin s'engage à saluer chaque personne présente avec un sourire amical. Ces petites politesses contribuent à renforcer les liens au sein de votre communauté.

En exprimant la politesse, même dans des situations tendues, on peut désamorcer les tensions et réduire les risques de conflits. Les gestes courtois signalent une volonté de respect mutuel, créant un espace propice à la résolution pacifique des différends. Imaginez, une réunion stressante, au cours de laquelle un collaborateur introduit un moment de politesse en exprimant sa reconnaissance pour les efforts de chacun. Cette pause dans la tension contribue à désamorcer les conflits potentiels.

Au travail, la politesse favorise un environnement professionnel sain. Des expressions de reconnaissance et de courtoisie contribuent à une culture organisationnelle positive, stimulant la productivité et le bien-être des employés. Imaginez un responsable d'équipe dans une entreprise, qui reconnaît publiquement les efforts individuels de ses collaborateurs à la fin de chaque projet. Cette pratique régulière crée une culture d'appréciation, améliorant ainsi l'environnement professionnel.

Pratiquer la politesse peut avoir des effets bénéfiques sur la santé mentale. En étant attentif aux autres, en exprimant sa gratitude et en contribuant à un environnement positif, on favorise un sentiment de bien-être et de satisfaction personnelle. En pratiquant la gratitude et en exprimant régulièrement des politesses, une personne nourrit une perspective positive, renforçant ainsi sa santé mentale et son bien-être émotionnel.

À l'échelle communautaire, la politesse contribue à la création d'une société respectueuse et empathique. Les interactions courtoises tissent un réseau de relations positives qui se répercute sur l'ensemble de la communauté.

Exemple : Dans un quartier, les habitants s'engagent à saluer leurs voisins et à participer à des initiatives communautaires. Ces actes de politesse contribuent à créer une communauté respectueuse et solidaire. Au sein d'une équipe sportive, un joueur adopte une attitude positive et courtoise envers ses coéquipiers. Cette attitude influence positivement les autres membres de l'équipe, créant un effet d'entraînement bénéfique.

Ces exemples concrets illustrent comment la politesse peut avoir des répercussions tangibles, créant un impact positif à différents niveaux, que ce soit au travail, dans la communauté ou dans nos relations personnelles.

La politesse crée un effet d'entraînement positif. Lorsqu'une personne pratique la politesse, elle inspire souvent les autres à faire de même, contribuant ainsi à la propagation d'un comportement respectueux. Intégrer la politesse dans notre quotidien n'est pas simplement une formalité ; c'est un investissement dans la création d'un environnement plus agréable, des relations plus solides et une communauté plus harmonieuse. Ces bienfaits se répercutent au niveau individuel et collectif, créant une société où la courtoisie est valorisée et où chacun se sent apprécié.

L'avènement du monde connecté a ajouté une nouvelle dimension à la manière dont nous exprimons la politesse. Alors que les interactions se déroulent de plus en plus en ligne, il devient crucial de comprendre comment maintenir des relations respectueuses et courtoises dans ce contexte numérique. Dans le monde professionnel, l'envoi de courriels courtois revêt une importance particulière. L'utilisation de formules de politesse appropriées, comme « Bonjour » et « Cordialement », contribue à maintenir un ton respectueux, même dans le cadre formel des communications électroniques.

Sur les réseaux sociaux, la politesse se manifeste à travers des commentaires constructifs et des réponses respectueuses. Éviter les conflits en ligne et privilégier la communication constructive contribue à maintenir des relations saines sur ces plateformes.
La politesse dans un monde connecté implique une sensibilisation aux espaces virtuels. Cela inclut le respect des règles de chaque plateforme, évitant les discours offensants et contribuant à un environnement en ligne positif.

Reconnaître les limites de la communication en ligne est une composante importante de la politesse numérique. Respecter la vie privée en ligne et ne pas franchir les frontières personnelles contribue à établir des relations respectueuses sur Internet.

Exemple : Dans un groupe de discussion en ligne, un participant remarque une divergence d'opinions. Plutôt que de répondre de manière antagoniste, il exprime son point de vue de manière respectueuse, en soulignant qu'il comprend la diversité des opinions. Cette approche contribue à maintenir un ton positif dans le groupe, encourageant ainsi des échanges constructifs.
La politesse dans un monde connecté va au-delà de simples formalités en ligne. Elle repose sur une compréhension approfondie des nuances de la communication virtuelle, favorisant ainsi des interactions en ligne positives et respectueuses. En développant une conscience numérique et en appliquant les principes de la politesse dans le monde virtuel, nous contribuons à créer un espace en ligne où les relations peuvent prospérer de manière éthique et respectueuse.

Exemples : Lors de la rédaction d'un courriel professionnel, une personne débute son message en saluant le destinataire de manière formelle, en exprimant sa gratitude pour le temps accordé à la lecture du message. Elle conclut le courriel avec une formule de politesse adaptée à la nature de la communication.

Sur une plateforme de réseaux sociaux, une discussion animée émerge autour d'un sujet délicat. Plutôt que de participer à des échanges agressifs, un utilisateur choisit de partager son point de vue de manière constructive, en reconnaissant la validité des opinions divergentes et en encourageant un débat respectueux.

Dans un forum en ligne, un nouveau membre prend le temps de lire les règles et normes de la communauté avant de participer activement aux discussions. Cette sensibilisation aux normes de l'espace virtuel garantit une intégration harmonieuse dans la communauté en ligne.

Un individu partage des moments de sa vie sur les médias sociaux, mais il est conscient des limites de la vie privée. Il évite de divulguer des informations trop personnelles, préservant ainsi son intimité tout en participant de manière significative à la sphère en ligne.

Une discussion sur un réseau social prend une tournure délicate. Un participant, conscient des règles de politesse en ligne, intervient en exprimant son point de vue de manière respectueuse. Il cite des sources pour étayer ses propos et invite les autres à partager leurs perspectives sans jugement. Cela transforme la discussion tendue en un échange éclairé et respectueux.

Ces exemples concrets illustrent comment la politesse dans un monde connecté se manifeste à travers des actions spécifiques. En adoptant une approche réfléchie et respectueuse dans nos interactions en ligne, nous contribuons à créer des espaces virtuels où le dialogue peut prospérer sans compromettre le respect mutuel.

La pratique de la politesse dans un monde connecté offre une série de bienfaits qui influent sur la qualité de nos interactions en ligne et contribuent à un environnement numérique plus sain et respectueux.

En utilisant des formules de politesse dans les courriels et en adoptant un ton respectueux dans les discussions en ligne, on favorise des interactions positives. Cela conduit à des échanges constructifs et contribue à la création de communautés virtuelles où chacun se sent valorisé.

L'expression de la politesse en ligne contribue à prévenir les conflits. En choisissant des mots soigneusement et en évitant les réponses impulsives, on crée un espace où les désaccords peuvent être exprimés de manière respectueuse, réduisant ainsi le risque de conflits inutiles.

En étant conscient des espaces virtuels et en respectant les règles de chaque plateforme, on cultive un environnement d'échange informatif. Cela crée des communautés en ligne où les membres peuvent partager des idées et des informations de manière constructive.

La politesse numérique contribue à renforcer la réputation en ligne d'un individu ou d'une organisation. Des interactions respectueuses sur les réseaux sociaux et dans d'autres espaces

en ligne créent une image positive, susceptible d'influencer positivement la perception des autres.
En pratiquant la politesse sur les médias sociaux, on encourage un usage positif de ces plateformes. Cela peut influencer la manière dont les utilisateurs interagissent en ligne, favorisant des échanges qui apportent de la valeur et renforcent le bien-être émotionnel.
Une personne participe à une discussion en ligne avec politesse et respect. Les autres participants, influencés par cette approche, adoptent également des comportements respectueux. Cette dynamique positive favorise une atmosphère collaborative où les idées peuvent être partagées ouvertement sans crainte de jugement.
En cultivant la politesse dans un monde connecté, nous contribuons à façonner des espaces en ligne qui reflètent les principes du respect mutuel. Les bienfaits de cette approche se manifestent par des interactions plus positives, la prévention des conflits, et la création d'environnements en ligne propices à l'échange d'informations constructives. Cette attitude respectueuse contribue à construire un Internet plus harmonieux et enrichissant pour tous.

La politesse au sein de la famille constitue le fondement de relations harmonieuses et de la construction d'un environnement propice à l'épanouissement personnel. Explorer la manière dont les membres d'une famille interagissent avec respect et considération contribue à renforcer les liens familiaux et à créer un cadre où chacun se sent valorisé.

La politesse au sein de la famille commence par le respect des espaces personnels. Chacun reconnaît et honore les limites individuelles, créant ainsi un environnement où l'intimité est préservée et où chacun se sent à l'aise.
Les échanges au sein de la famille sont empreints de politesse, que ce soit dans la manière de s'exprimer ou dans l'écoute active. Les membres de la famille prennent le temps de se comprendre mutuellement, favorisant ainsi une communication ouverte et respectueuse.
La répartition des tâches au sein de la famille est abordée avec courtoisie. Chacun prend en compte les besoins et les préférences des autres membres, contribuant ainsi à un partage équitable des responsabilités.
La politesse dans la famille s'exprime également par la reconnaissance des moments spéciaux. Que ce soit en exprimant sa gratitude pour un geste attentionné ou en célébrant ensemble des réussites, cette politesse renforce le sentiment de connexion au sein de la famille.
Un adolescent, conscient de l'importance de la politesse, exprime sa reconnaissance envers ses parents pour leur soutien. Ce geste simple crée un moment chaleureux au sein de la

famille, renforçant les liens affectifs et établissant un climat propice à des relations familiales saines.

La politesse au sein de la famille crée un environnement émotionnellement sécurisé, favorisant le bien-être mental et émotionnel de chaque membre. Elle contribue à l'éducation des enfants en matière de respect et de considération envers les autres, jetant ainsi les bases de leur comportement social à l'extérieur du foyer.

La politesse dans la famille va au-delà des gestes formels ; elle devient une expression quotidienne de l'amour, du respect et de l'appréciation. En intégrant ces principes dans les interactions familiales, on contribue à construire un foyer où chacun se sent compris, soutenu et valorisé, créant ainsi un environnement propice à l'épanouissement et à l'équilibre familial.

La pratique de la politesse au sein de la famille engendre une série de bienfaits qui contribuent à renforcer les liens familiaux et à créer un environnement domestique harmonieux.

La politesse crée des interactions positives entre les membres de la famille, renforçant ainsi les liens affectifs. Les gestes courtois et les mots respectueux contribuent à créer un climat d'amour et d'appréciation mutuelle.

Une communication empreinte de politesse favorise un échange ouvert et sain. Les membres de la famille se sentent plus à l'aise pour exprimer leurs sentiments et opinions, créant ainsi un dialogue constructif au sein du foyer.

La politesse crée un climat de confiance au sein de la famille. Chacun se sent écouté, compris et respecté, renforçant ainsi la confiance mutuelle entre les membres.

En cultivant la politesse, les membres de la famille sont mieux équipés pour gérer les conflits de manière constructive. Les discussions sont abordées avec respect, favorisant la résolution pacifique des différends.

La politesse dans la famille sert de modèle pour les enfants. Ces derniers apprennent à travers l'exemple comment exprimer leur gratitude, respecter les autres et contribuer à un environnement familial positif.

Un membre de la famille exprime sa reconnaissance envers un autre pour son aide dans une tâche ménagère. Ce simple acte de politesse crée un sentiment de valeur et de contribution, renforçant ainsi la cohésion familiale.

La politesse dans la famille a un impact à long terme sur le bien-être émotionnel de ses membres. En créant un environnement respectueux et chaleureux, elle contribue à la santé mentale et émotionnelle de chaque individu, favorisant ainsi des relations familiales durables et épanouissantes.

La politesse au sein de la famille n'est pas simplement une formalité ; c'est une expression quotidienne de considération et d'affection. Les bienfaits de cette pratique se reflètent dans la qualité des relations familiales, créant ainsi un foyer où chacun se sent soutenu, aimé et respecté.

Exprimer quotidiennement sa gratitude pour les petites actions, comme préparer un repas ou aider à ranger, renforce un climat de reconnaissance au sein de la famille. Un simple « merci » crée une ambiance positive et encourage chacun à contribuer de manière positive.

Commencer la journée avec des salutations chaleureuses crée une atmosphère positive. Les membres de la famille qui se saluent cordialement le matin établissent une base positive pour la journée, favorisant un sentiment d'appartenance et de bien-être.

Partager ses réussites, même modestes, est une forme de politesse qui contribue à la création d'un environnement de soutien. Les membres de la famille qui célèbrent ensemble les accomplissements créent un espace où chacun se sent encouragé et valorisé.

La politesse dans la famille se manifeste également par une écoute active. Prendre le temps d'écouter attentivement les préoccupations de chaque membre, sans jugement, crée un climat de confiance et de compréhension mutuelle.

La politesse dans la répartition des tâches quotidiennes crée un équilibre. Les membres de la famille qui contribuent de manière équitable aux responsabilités ménagères favorisent un environnement où chacun se sent investi et soutenu.

Un enfant, en remerciant ses parents pour leur soutien dans ses études, exprime sa reconnaissance par un petit mot laissé sur la table du petit-déjeuner. Cette politesse simple crée un lien émotionnel fort et renforce le sentiment d'appartenance.

Ces gestes quotidiens de politesse au sein de la famille ne sont pas uniquement des actes isolés. Ils contribuent à façonner une culture familiale où le respect, la considération et l'amour sont exprimés au quotidien, créant ainsi un foyer où chacun se sent véritablement chez soi.

La politesse dans le couple constitue un pilier essentiel pour maintenir une relation saine et épanouissante. Explorons comment les expressions de respect, de considération et de courtoisie contribuent à renforcer les liens intimes et à créer un environnement propice à l'amour et à la compréhension mutuelle.

La politesse dans le couple se manifeste par des expressions d'affection respectueuse. Des gestes simples, comme dire « je t'aime » ou montrer de la gratitude, contribuent à créer un climat où chaque partenaire se sent apprécié.

La politesse implique une communication empathique. Écouter attentivement, éviter les critiques destructrices et exprimer ses pensées de manière respectueuse favorisent un échange constructif au sein du couple.

Reconnaître les efforts de son partenaire est une forme de politesse cruciale. Que ce soit pour des gestes quotidiens ou des sacrifices, montrer de la gratitude renforce le lien émotionnel et crée un sentiment de réciprocité.

La politesse dans le couple inclut la préservation de l'intimité. Respecter les moments personnels, être attentif aux besoins individuels et créer un espace de confiance contribuent à une connexion intime plus profonde.

Après une journée stressante, un partenaire exprime sa reconnaissance envers l'autre pour son soutien constant. Ce geste, empreint de politesse, crée un moment d'intimité émotionnelle qui renforce la connexion entre les partenaires.

La politesse dans le couple n'est pas seulement un ensemble de règles ; c'est une expression quotidienne de considération et d'amour. Ces petites politesses contribuent à construire une relation solide et équilibrée, où chaque partenaire se sent compris et valorisé. La politesse dans le couple n'est pas une formalité, mais une manière de cultiver un environnement où l'amour, le respect et la compréhension mutuelle prospèrent. En intégrant ces principes dans la dynamique relationnelle, les partenaires créent une base solide pour une union durable et épanouissante. La pratique de la politesse au sein d'une relation amoureuse apporte une multitude de bienfaits qui contribuent à renforcer la connexion émotionnelle et à créer un environnement propice à une relation durable et épanouissante.

La politesse crée un lien émotionnel fort entre les partenaires. Les expressions d'amour et de considération renforcent la connexion émotionnelle, créant ainsi un sentiment de proximité et d'intimité.

Une communication empreinte de politesse favorise un échange ouvert et respectueux. Les partenaires qui s'expriment avec respect contribuent à une communication saine, évitant les malentendus et les conflits inutiles.

La politesse dans le couple se manifeste par la cultivassion de la gratitude. Reconnaître et exprimer sa reconnaissance pour les actions positives du partenaire crée un climat où chacun se sent apprécié et valorisé.

La politesse favorise la préservation de l'intimité émotionnelle. Les gestes respectueux et les expressions de considération contribuent à créer un espace où les partenaires se sentent en sécurité pour partager leurs émotions les plus profondes.

En étant polis dans les échanges, les partenaires contribuent à prévenir les conflits destructeurs. La politesse ouvre la voie à une résolution constructive des désaccords, préservant ainsi la stabilité de la relation.
Après une journée difficile, un partenaire prend le temps de préparer le dîner pour l'autre, exprimant ainsi son amour et sa reconnaissance. Ce geste, simple mais empreint de politesse, crée un moment de connexion et de soutien mutuel.
La politesse en couple n'est pas simplement un ensemble de comportements ponctuels ; c'est une culture relationnelle qui contribue à l'épanouissement à long terme. En créant un environnement où le respect mutuel est la norme, les partenaires construisent une relation durable et satisfaisante.
La politesse en couple n'est pas une formalité, mais un investissement constant dans la construction d'une relation solide et équilibrée. Les bienfaits de cette pratique se manifestent dans la stabilité émotionnelle, la prévention des conflits nuisibles et le renforcement des liens affectifs, contribuant ainsi à une relation épanouissante et harmonieuse.

Exprimer régulièrement sa gratitude pour les petites actions, comme préparer un repas, faire le ménage ou apporter un café le matin, renforce un climat de reconnaissance dans le couple.

Adopter une communication respectueuse en évitant les critiques blessantes et en exprimant ses opinions de manière constructive favorise un échange positif entre les partenaires. Des gestes d'affection spontanés, tels qu'un câlin inattendu, un baiser ou un compliment sincère, créent des moments d'intimité qui renforcent la connexion émotionnelle. Considérer activement les besoins et les préférences de son partenaire dans la prise de décision quotidienne, que ce soit le choix d'un film à regarder ensemble ou le plan d'une sortie. Allouer consciemment du temps de qualité, que ce soit pour discuter sans distractions, partager un hobby commun ou simplement profiter d'une soirée tranquille à deux.

Respecter l'intimité de l'autre en accordant des moments personnels et en reconnaissant le besoin d'espace individuel, renforce la confiance au sein de la relation. Participer activement aux responsabilités domestiques, du partage des tâches ménagères à la planification d'activités communes, contribue à un équilibre dans la relation. Reconnaître et célébrer ensemble les étapes importantes et les réalisations, qu'elles soient professionnelles, personnelles ou liées à la relation, renforce le sentiment de partenariat. Fournir un soutien émotionnel actif en écoutant attentivement les préoccupations de l'autre, en offrant des encouragements et en étant présent dans les moments difficiles. Surprendre positivement son partenaire avec des petites attentions, comme un mot doux laissé sur le miroir ou une surprise préparée avec soin, alimente la romance et la complicité. Ces gestes de politesse en couple vont au-delà de simples conventions ; ils créent une culture relationnelle où chaque partenaire se sent aimé, respecté et valorisé, contribuant ainsi à une relation épanouissante et harmonieuse.

En conclusion, le chapitre sur la politesse explore les multiples facettes de cette vertu, soulignant son rôle essentiel dans divers contextes de la vie. De la salutation courtoise au sein de la société à l'expression de considération au sein de la famille et du couple, la politesse émerge comme un fil conducteur vital tissant des liens sociaux et émotionnels. Nous avons exploré comment la politesse crée des environnements propices à des interactions positives, favorise des relations saines, et contribue à l'épanouissement individuel et collectif. Des exemples concrets ont illustré comment des gestes simples, empreints de respect et de considération, peuvent avoir un impact significatif sur nos relations quotidiennes. En intégrant la politesse dans nos interactions, que ce soit avec des étrangers, des proches ou des partenaires amoureux, nous contribuons à construire des communautés et des relations fondées sur le respect mutuel. Au-delà de simples conventions sociales, la politesse devient une force qui façonne des espaces où chacun se sent valorisé, écouté et compris.

En cultivant cette vertu dans nos vies quotidiennes, nous ouvrons la voie à des relations plus harmonieuses, des familles épanouies, et des connexions émotionnelles profondes. La politesse, loin d'être une simple formalité, devient un outil puissant pour construire un monde où le respect et la bienveillance sont au cœur de nos interactions. La politesse joue un rôle central dans l'art du savoir vivre ensemble, créant un tissu social où les interactions sont empreintes de respect, de considération et de bienveillance. Voici comment la politesse contribue à cet art subtil du vivre ensemble : La politesse crée une atmosphère positive, où les échanges sont teintés de cordialité. Cela favorise un climat propice à des relations harmonieuses, qu'elles soient au sein de la famille, du couple, ou dans la société en général.

En suivant les règles de politesse, on facilite les interactions sociales. Salutations courtoises, expressions de gratitude et respect des normes sociales contribuent à des échanges fluides et agréables. La politesse est le reflet du respect mutuel. En reconnaissant la valeur de chaque individu à travers des gestes courtois, on construit un socle de relations où chacun se sent reconnu et apprécié. L'art de savoir vivre ensemble inclut la gestion des conflits avec diplomatie. La politesse permet d'aborder les désaccords de manière respectueuse, favorisant ainsi des résolutions pacifiques. En pratiquant la politesse, on contribue à construire des communautés cohésives. Des salutations courtoises dans le voisinage aux interactions bienveillantes au travail, ces petites politesses tissent des liens qui renforcent le sentiment d'appartenance. En modelant la politesse, on éduque les générations futures à l'importance du respect et de la considération envers autrui. Ces valeurs deviennent ainsi des piliers de la manière dont la société interagit et se développe.

La politesse contribue à la création d'un climat de confiance. Des gestes respectueux et des paroles courtoises sont des éléments essentiels pour établir des relations fiables et durables.
La politesse favorise l'acceptation de la diversité. En étant respectueux des différences culturelles, des opinions variées et des modes de vie différents, on encourage un vivre ensemble inclusif. En somme, la politesse devient un art du savoir vivre ensemble en instillant des principes de respect, d'empathie et de considération dans nos interactions quotidiennes. Elle joue un rôle fondamental dans la construction d'une société où le bien-être collectif est façonné par la qualité de nos relations individuelles. En pratiquant cet art, nous contribuons à édifier un monde où vivre ensemble devient une expérience enrichissante et épanouissante pour tous.

CHAPITRE 3 :

La Courtoisie, Expression Elégante de Considération

Le chapitre sur la courtoisie explore les subtilités de cette vertu raffinée qui transcende les simples règles sociales pour devenir une expression élégante de respect et de considération envers autrui. En parcourant ce chapitre, nous plongerons dans les différentes facettes de la courtoisie, illustrant comment elle peut illuminer nos interactions quotidiennes et enrichir nos relations.

En plongeant dans ce chapitre, nous découvrirons comment la courtoisie, loin d'être une simple formalité, devient une manière d'apporter une touche d'élégance et de respect à chaque interaction. Nous explorerons des exemples concrets illustrant comment cette vertu peut transformer nos expériences quotidiennes et enrichir notre vie relationnelle, professionnelle et personnelle.

La courtoisie se manifeste dans l'art de saluer avec élégance. Des salutations bien choisies créent un premier contact empreint de respect, jetant les bases d'une interaction harmonieuse. L'art de saluer avec élégance est bien plus qu'une simple formalité ; c'est une délicate danse sociale qui témoigne de respect et de considération envers autrui. Explorer la courtoisie dans la conversation révèle comment choisir ses mots avec soin, écouter activement et éviter les sujets délicats contribuent à une communication courtoise et raffinée. Des gestes courtois au quotidien, tels que tenir la porte pour autrui, offrir son aide ou exprimer sa gratitude, illustrent comment la courtoisie peut transcender les actions ordinaires pour créer des moments empreints de considération.

La courtoisie brille particulièrement en situation délicate. Naviguer avec grâce à travers des moments difficiles, exprimer des condoléances ou gérer des désaccords avec élégance démontre la puissance de cette vertu dans des circonstances sensibles. Explorer l'étiquette et le savoir-vivre révèle comment la courtoisie transcende les simples règles pour devenir une philosophie de vie. Comprendre et pratiquer ces normes élégantes contribuent à une vie quotidienne plus raffinée. La courtoisie s'étend également aux relations professionnelles. Des courriels bien rédigés à la collaboration respectueuse, elle joue un rôle crucial dans la création d'un environnement de travail harmonieux. La courtoisie devient un signe de maturité émotionnelle. Gérer les émotions avec élégance, reconnaître les réussites des autres et traiter les différends avec respect sont des expressions de cette maturité.

Prenons l'exemple où dans une soirée mondaine, deux individus se rencontrent pour la première fois. Plutôt que la poignée de main automatique, l'un d'eux prend un moment pour faire une poignée de main ferme, accompagnée d'un contact visuel soutenu. Cette attention à la salutation crée une première impression mémorable et démontre l'art de saluer avec élégance. Lors d'une réunion informelle, une personne entre dans la pièce avec un sourire accueillant.

En plus de dire bonjour verbalement, elle fait preuve d'une présence chaleureuse qui crée une atmosphère positive. Ce simple acte de salutation illustre comment la courtoisie peut se manifester à travers des expressions non verbales. Dans un contexte plus formel, un signe de tête élégant peut être tout aussi puissant qu'une salutation verbale. Lors d'une réunion internationale, où les langues diffèrent, un signe de tête respectueux devient un langage universel de courtoisie, transcendant les barrières linguistiques.

Au sein d'une équipe de travail, un collègue prend l'habitude de personnaliser ses salutations en incluant des détails spécifiques. Plutôt que le simple « bonjour », il pourrait dire « bonjour, comment s'est passée votre réunion hier ? ». Cette attention aux détails montre un niveau élevé de considération et de reconnaissance. Lors d'une cérémonie, une personne accorde une attention particulière au contact visuel lors des salutations. En faisant preuve de cette délicatesse, elle transmet un message de respect et d'écoute attentive, créant ainsi des connexions significatives.

Ces anecdotes illustrent comment l'art de la courtoisie peut créer des moments authentiques d'échange, où la courtoisie devient une manière de reconnaître la présence et la valeur de chacun. En intégrant ces nuances dans nos habitudes quotidiennes, nous contribuons à façonner des interactions empreintes de respect et de raffinement. La conversation courtoise transcende le simple échange de mots pour devenir une symphonie harmonieuse d'expressions respectueuses et de considération. Dans cette section, explorons les délices d'une conversation courtoise à travers des exemples poignants et précis.

Imaginez une réunion où, au lieu d'attendre son tour pour parler, chaque participant pratique l'écoute active. Les réponses ne sont pas seulement des réactions, mais des réflexions profondes sur ce qui a été partagé. Cette conversation courtoise crée un espace où chaque voix est véritablement entendue. Au cours d'une conversation informelle, une personne prend le temps de faire un compliment sincère sur le travail d'un collègue. Ce geste simple ajoute une touche de positivité à la discussion, démontrant comment les compliments, lorsqu'ils sont authentiques, peuvent enrichir la conversation. Au cours d'un dîner en famille, une personne choisit délibérément d'éviter les sujets sensibles pour maintenir une atmosphère agréable. Cette tactique montre comment la courtoisie peut guider la conversation vers des terrains sûrs, préservant ainsi l'harmonie au sein du groupe. Dans un contexte professionnel, un leader introduit un nouveau membre de l'équipe avec soin. En mettant en avant les compétences et les qualités uniques de cette personne, il favorise une intégration en douceur et démontre l'art de la conversation courtoise dans le contexte professionnel.

Lors d'une négociation délicate, les parties impliquées adoptent un langage corporel respectueux. Les gestes sont mesurés, le contact visuel est maintenu, et la conversation reste empreinte de courtoisie même dans des circonstances tendues. Cela montre comment le non-verbal contribue à la qualité d'une conversation. Au cours d'une entrevue, l'intervieweur pose des questions réfléchies qui vont au-delà des compétences techniques. Cela montre une considération pour la personne en face, ajoutant une dimension humaine à la conversation et créant un espace où les participants se sentent valorisés. Ces exemples témoignent des délices d'une conversation courtoise, où chaque mot et geste sont choisis avec précaution pour créer un échange empreint de respect et de considération. La conversation courtoise devient ainsi une véritable danse d'idées et d'émotions, contribuant à des interactions plus enrichi.

La courtoisie au téléphone est également un art subtil qui, bien pratiqué, peut transformer une simple conversation en une expérience agréable et respectueuse. Imaginons une entreprise téléphonique, qui accueille les appels avec un ton chaleureux et une salutation cordiale. Cet accueil crée immédiatement une atmosphère positive, faisant de l'appel une expérience agréable dès le départ. Lors d'une conversation téléphonique, une personne devrait faire preuve de patience et d'écoute active. Même si l'appelant exprime des préoccupations ou des problèmes, la personne à l'autre bout de la ligne restera calme et attentive, créant ainsi un espace pour une résolution constructive.

Dans le cas où il y aurait des malentendus, une personne pratique la clarification respectueuse. Au lieu de répondre avec frustration, elle pose des questions pour s'assurer de bien comprendre, démontrant ainsi une communication courtoise même dans des situations délicates. Une conversation téléphonique courtoise est souvent couronnée par une clôture élégante. Un simple "merci pour votre temps" ou "je vous souhaite une excellente journée" ajoute une touche finale positive, laissant une impression durable.

Dans un contexte professionnel, une entreprise répond promptement aux demandes téléphoniques. La rapidité et l'efficacité démontrent un respect pour le temps de l'appelant, contribuant ainsi à une expérience positive. Au téléphone, une personne évite les interruptions inutiles. Cela signifie donner à l'appelant suffisamment de temps pour s'exprimer sans être constamment interrompu, montrant ainsi une considération pour son discours. Ces exemples illustrent comment la conversation courtoise au téléphone va au-delà de simples formules de politesse. Elle devient une véritable expression de respect, d'attention et d'empathie, contribuant à créer des interactions téléphoniques qui laissent une impression positive et renforcent les liens humains même à distance.

Éviter de raccrocher au nez est un aspect crucial de la courtoisie téléphonique. Cela montre un respect fondamental envers la personne à l'autre bout de la ligne, même dans des situations délicates. Plutôt que de raccrocher abruptement, considérez ces alternatives courtoises : Avant de mettre fin à la conversation, annoncez poliment que vous allez raccrocher. Par exemple : « Je vais devoir vous laisser maintenant, merci beaucoup pour notre conversation. » Si la situation le permet, proposez un suivi ou une alternative. Par exemple : « Je vais rechercher cette information et vous rappeler dès que je l'aurai. »

Exprimez votre reconnaissance même si la réponse n'est pas celle que l'appelant espérait. Par exemple : « Merci pour votre temps et votre compréhension, je vous souhaite une excellente journée. » Si la conversation nécessite des actions futures, clarifiez les prochaines étapes. Par exemple : « Je vais transmettre cette information à l'équipe et vous recevrez une mise à jour d'ici la fin de la semaine. » Bien plus, des gestes courtois qui émaillent notre quotidien, transcendent la banalité pour créer des moments empreints de respect et de considération envers autrui.

Un geste simple, mais empreint de courtoisie, consiste à tenir la porte pour quelqu'un, que ce soit dans un immeuble, au bureau, ou dans un magasin. Cela témoigne d'une considération pour le confort des autres. Prendre le temps d'exprimer sa gratitude, que ce soit par un simple « merci » ou une note de remerciement, montre une reconnaissance sincère pour les actions et les gestes aimables. Intervenir pour aider une personne en difficulté, que ce soit en offrant son siège dans les transports en commun ou en aidant quelqu'un à porter des objets lourds, reflète une courtoisie altruiste. Prendre le temps de saluer ses voisins crée un environnement de quartier chaleureux. Un simple « bonjour » contribue à renforcer le tissu social de la communauté.

Respecter l'espace personnel des autres, que ce soit dans les files d'attente ou dans des espaces publics, est une marque de courtoisie qui favorise une coexistence harmonieuse. Céder le passage à d'autres conducteurs ou piétons dans la circulation démontre une courtoisie sur la route, contribuant ainsi à un environnement routier plus sûr et plus agréable. Partager ses connaissances et aider les autres à apprendre contribue à une atmosphère éducative courtoise. Que ce soit au travail, à l'école ou dans d'autres contextes, cette courtoisie intellectuelle enrichit l'environnement. Cultiver une attitude positive envers soi-même et les autres crée un climat où la courtoisie émerge naturellement. Les paroles encourageantes et le soutien mutuel sont des gestes courtois au quotidien.

Ces gestes courtois au quotidien, bien que simples, ont un impact puissant sur notre vie sociale. Ils créent un environnement où la considération et le respect deviennent des valeurs fondamentales, contribuant ainsi à une société plus agréable et harmonieuse. En évitant de raccrocher brusquement, même dans des circonstances difficiles, vous maintenez une atmosphère de courtoisie et de respect. Ces petites attentions contribuent à créer des interactions téléphoniques plus agréables et professionnelles.

Un sourire chaleureux accompagné d'un contact visuel exprime une ouverture et une convivialité qui contribuent à un environnement agréable, que ce soit au travail, dans la rue ou lors d'interactions sociales. Respecter l'ordre dans les files d'attente, que ce soit à la caisse d'un supermarché ou à un guichet, démontre une courtoisie envers les autres usagers et contribue à une expérience plus fluide pour tous. Éteindre ou mettre en mode silencieux son téléphone dans les lieux publics, comme les cinémas, les théâtres ou les restaurants, témoigne du respect pour les autres personnes présentes et évite les perturbations. Participer activement au recyclage et veiller à maintenir la propreté des espaces publics montre un engagement envers l'environnement collectif et contribue à un cadre de vie plus agréable. Éviter d'interrompre les conversations des autres dénote une courtoisie dans l'écoute. Attendre son tour pour s'exprimer contribue à des échanges plus respectueux.

L'utilisation régulière de « s'il vous plaît » et « merci » dans les interactions quotidiennes, que ce soit au restaurant, au travail ou à la maison, renforce une culture de courtoisie et de reconnaissance. Céder sa place à quelqu'un qui en a besoin, que ce soit dans les transports en commun ou ailleurs, est un geste de courtoisie envers les personnes moins mobiles. Écouter les autres sans juger et avec une réelle empathie crée un espace où les personnes se sentent entendues et comprises, favorisant des relations plus harmonieuses. Ces gestes courtois au quotidien contribuent à créer une culture où la bienveillance et le respect sont des normes. Ils enrichissent nos interactions, renforcent le tissu social et contribuent à un environnement où chacun se sent valorisé.

Un sourire chaleureux accompagné d'un contact visuel exprime une ouverture et une convivialité qui contribuent à un environnement agréable, que ce soit au travail, dans la rue ou lors d'interactions sociales. Respecter l'ordre dans les files d'attente, que ce soit à la caisse d'un supermarché ou à un guichet, démontre une courtoisie envers les autres usagers et contribue à une expérience plus fluide pour tous. Éteindre ou mettre en mode silencieux son téléphone dans les lieux publics, comme les cinémas, les théâtres ou les restaurants, témoigne du respect pour les autres personnes présentes et évite les perturbations.

Participer activement au recyclage et veiller à maintenir la propreté des espaces publics montre un engagement envers l'environnement collectif et contribue à un cadre de vie plus agréable. Éviter d'interrompre les conversations des autres dénote une courtoisie dans l'écoute. Attendre son tour pour s'exprimer contribue à des échanges plus respectueux. L'utilisation régulière de « s'il vous plaît » et « merci » dans les interactions quotidiennes, que ce soit au restaurant, au travail ou à la maison, renforce une culture de courtoisie et de reconnaissance. Céder sa place à quelqu'un qui en a besoin, que ce soit dans les transports en commun ou ailleurs, est un geste de courtoisie envers les personnes moins mobiles. Écouter les autres sans juger et avec une réelle empathie crée un espace où les personnes se sentent entendues et comprises, favorisant des relations plus harmonieuses.

Ces gestes courtois au quotidien contribuent à créer une culture où la bienveillance et le respect sont des normes. Ils enrichissent nos interactions, renforcent le tissu social et contribuent à un environnement où chacun se sent valorisé. L'importance de l'étiquette et du savoir-vivre, est également un pilier de la courtoisie, offrant ainsi des repères raffinés pour des interactions sociales harmonieuses.

Découvrez comment ces principes contribuent à créer un environnement empreint de respect et de sophistication. L'étiquette dicte l'art de se présenter avec élégance. De la poignée de main ferme à l'échange de cartes de visite, ces gestes créent une première impression mémorable. Le savoir-vivre à table va au-delà de l'utilisation correcte des couverts. Il englobe la politesse lors des repas, l'attention aux convives et le respect des traditions culinaires.

L'étiquette guide la réponse aux invitations, montrant comment exprimer gratitude ou déclin sans froisser. Cela contribue à maintenir des relations sociales fluides. Savoir-vivre implique des attentions en société telles que tenir la porte, offrir son aide et veiller à ce que chacun se sente inclus. Ces gestes contribuent à une atmosphère cordiale. Que ce soit dans les courriels professionnels ou les correspondances formelles, l'étiquette guide la communication écrite, montrant comment exprimer clarté et respect. L'étiquette au travail se manifeste dans la manière de traiter les collègues, de participer aux réunions et de gérer les conflits. Elle crée un environnement professionnel agréable. Respecter les espaces partagés, qu'il s'agisse d'un bureau ou d'un espace public, est une manifestation de savoir-vivre qui contribue à une cohabitation harmonieuse.

L'étiquette dans la correspondance numérique guide l'utilisation appropriée des médias sociaux, des courriels et des messages, préservant ainsi des relations virtuelles positives.
Le savoir-vivre transcende les formules traditionnelles pour devenir une philosophie de vie, influençant nos interactions quotidiennes et contribuant à la création d'une société où la courtoisie est un art vivant. L'étiquette dans l'art de se présenter se reflète dans l'anecdote d'un professionnel qui, lors d'un événement, a pris le temps de se présenter avec un sourire chaleureux, en se penchant légèrement en avant lors de la poignée de main, et en remettant sa carte de visite de manière soignée. Ce geste attentionné a créé une connexion immédiate et mémorable. Dans une anecdote, un convive, conscient de l'étiquette à table, a démontré son savoir-vivre en attendant que tous soient servis avant de commencer à manger. En engageant une conversation équilibrée avec les convives, il a contribué à créer une ambiance agréable et inclusive autour de la table.

Une anecdote met en lumière une personne qui, après avoir reçu une invitation qu'elle ne pouvait pas accepter, a répondu avec une lettre de remerciement chaleureuse, exprimant sa gratitude pour l'invitation et expliquant ses engagements actuels. Cette réponse a maintenu une relation positive malgré le déclin de l'invitation. Lors d'une soirée sociale, une personne a manifesté son savoir-vivre en tenant la porte pour les autres invités, en offrant son aide pour distribuer les rafraîchissements, et en veillant à ce que chacun se sente inclus dans la conversation. Ces petites attentions ont contribué à créer une atmosphère conviviale.

Dans un contexte professionnel, un collaborateur a illustré l'étiquette dans la communication écrite en rédigeant un courriel de remerciement clair et poli après la conclusion d'un projet. L'expression de gratitude a renforcé les relations professionnelles et la réputation de courtoisie de la personne. Une anecdote met en scène un employé qui, lors d'une réunion, a écouté activement ses collègues, a contribué de manière constructive à la discussion, et a évité les interruptions.

Son comportement exemplaire a favorisé un environnement de travail respectueux et collaboratif. Dans un espace de travail partagé, un individu a illustré le respect des espaces en veillant à maintenir son bureau propre et organisé. Cette attention aux détails a contribué à créer un environnement de travail harmonieux pour tous les occupants. Un exemple concret dans la correspondance numérique est celui d'une personne qui, sur les médias sociaux, a répondu à un commentaire négatif avec calme et respect. En évitant les réponses agressives, cette personne a maintenu une conversation en ligne constructive.

Ces anecdotes démontrent comment l'étiquette et le savoir-vivre ne sont pas simplement des conventions, mais des pratiques qui, lorsqu'elles sont mises en action, enrichissent nos interactions sociales et contribuent à la création d'un monde empreint de respect et de raffinement. La section sur l'étiquette et le savoir-vivre explore de manière détaillée les nuances de comportements sociaux raffinés. Elle souligne l'importance de ces principes intemporels dans des situations variées, de la présentation personnelle à la correspondance numérique. Les anecdotes apportent une dimension concrète et illustrative, montrant comment ces pratiques peuvent véritablement influencer la qualité de nos interactions quotidiennes.

En mettant l'accent sur des éléments tels que la courtoisie à table, la réponse aux invitations, ou la gestion des espaces partagés, cette section offre un guide pratique pour cultiver des relations sociales harmonieuses. L'utilisation d'exemples concrets renforce la pertinence de ces principes, les rendant facilement applicables à la vie quotidienne.

En somme, cette section sert non seulement de rappel sur l'importance de la courtoisie, mais elle offre également des outils et des repères précieux pour ceux qui souhaitent intégrer ces pratiques dans leur quotidien, contribuant ainsi à créer des environnements sociaux empreints de respect et de sophistication. La courtoisie dans la communication professionnelle va au-delà de la simple politesse. Elle englobe l'écoute active, la clarté dans les messages et le respect des opinions, contribuant ainsi à des échanges constructifs. En milieu professionnel, la courtoisie intervient dans la gestion des conflits. La capacité à exprimer des désaccords de manière respectueuse et à rechercher des solutions collaboratives renforce les relations au sein de l'équipe.

Respecter les échéances démontre une courtoisie envers les collègues et les clients, créant un environnement de travail fiable et professionnel. La communication transparente en cas de délais imprévus est également une composante clé. La courtoisie s'étend à la reconnaissance de l'équilibre entre vie professionnelle et vie personnelle. Respecter les horaires de travail, encourager les pauses régulières et reconnaître les engagements personnels favorisent un bien-être général. La courtoisie facilite une collaboration efficace. Elle se manifeste par la reconnaissance des contributions de chacun, le partage équitable des informations et la création d'un environnement où les idées sont valorisées.

Envers les clients, la courtoisie est un impératif. Cela se traduit par un service client attentif, des réponses rapides aux demandes et un suivi transparent pour instaurer et maintenir la confiance. La courtoisie dans le milieu professionnel inclut l'intégrité. Respecter les normes éthiques, traiter les informations sensibles avec précaution et agir avec transparence contribuent à une réputation professionnelle solide. Reconnaître les réalisations de ses collègues et subordonnés est un élément de courtoisie en milieu professionnel. Cela crée un environnement positif, motivant chacun à donner le meilleur de soi-même.
Explorons comment la courtoisie devient un catalyseur de succès professionnel, en formant le socle d'interactions respectueuses qui stimulent la productivité, la satisfaction au travail et la croissance professionnelle.

L'anecdote d'une réunion où un collaborateur a pris le temps de synthétiser les points clés, de poser des questions constructives, et d'écouter attentivement les opinions de chacun illustre comment la courtoisie dans la communication professionnelle peut transformer une simple réunion en une session collaborative et productive. Dans une situation de désaccord professionnel, un manager a résolu le conflit en organisant une discussion ouverte où chaque partie pouvait s'exprimer librement. Cette approche courtoise a permis de trouver des solutions consensuelles tout en préservant la relation professionnelle.

Une équipe qui a respecté rigoureusement une échéance importante a témoigné de la courtoisie envers les parties prenantes. En cas de retard inattendu, ils ont immédiatement communiqué les raisons, soulignant ainsi leur engagement envers la transparence et le respect des délais. L'histoire d'une entreprise qui a mis en place une politique de flexibilité des horaires pour permettre à ses employés de concilier travail et vie personnelle illustre comment la courtoisie s'exprime à travers la reconnaissance de l'équilibre essentiel entre vie professionnelle et vie personnelle. Une équipe qui a encouragé un climat de collaboration en reconnaissant individuellement les contributions de chaque membre a créé un environnement où la courtoisie était au cœur des échanges. Chacun se sentait valorisé, favorisant ainsi une collaboration positive.

L'exemple d'une entreprise qui a résolu rapidement et efficacement un problème signalé par un client, en lui offrant une solution personnalisée et en le tenant informé du processus, démontre comment la courtoisie dans la relation client contribue à la fidélisation et à la réputation positive. Une entreprise qui a traité avec intégrité une situation délicate en informant pro-activement ses clients des défis rencontrés et des mesures correctives prises illustre comment la courtoisie et la transparence contribuent à maintenir la confiance dans le milieu professionnel.

L'histoire d'un chef d'équipe qui a régulièrement souligné publiquement les réalisations individuelles des membres de son équipe, reconnaissant leur travail acharné, témoigne de la façon dont la courtoisie peut créer un environnement professionnel positif, motivant chacun à exceller. Ces exemples et anecdotes mettent en lumière la manière dont la courtoisie en milieu professionnel va au-delà de simples règles de conduite, impactant positivement les dynamiques d'équipe, les relations avec les clients, et la réputation globale d'une entreprise.

La section sur la courtoisie en milieu professionnel offre une exploration approfondie des divers aspects qui façonnent un environnement de travail respectueux et productif. En mettant en avant des exemples précis et des anecdotes poignantes, elle concrétise l'impact de la courtoisie sur les interactions professionnelles. La mise en avant de la communication professionnelle, de la gestion des conflits, du respect des échéances et de l'équilibre entre vie professionnelle et vie personnelle démontre la diversité des domaines où la courtoisie joue un rôle crucial. Ces exemples concrets rendent tangible la façon dont la courtoisie peut être intégrée dans les pratiques quotidiennes, enrichissant ainsi la qualité des relations professionnelles.

L'accent sur la reconnaissance des réalisations, la collaboration efficace et les relations avec les clients souligne la pertinence de la courtoisie dans des domaines clés de la vie professionnelle. Ces anecdotes démontrent comment la courtoisie va au-delà d'une simple formalité pour devenir un moteur du succès professionnel, contribuant à la création d'un environnement où chacun se sent valorisé, respecté et motivé.

En résumé, cette section offre une vision complète de la manière dont la courtoisie peut être un catalyseur puissant pour des relations professionnelles fructueuses, favorisant ainsi une culture d'entreprise positive et productive. La courtoisie, en manifestant une empathie sincère envers les autres, devient une expression tangible de la maturité émotionnelle. Comprendre et répondre aux émotions des autres avec respect et considération dénote une intelligence émotionnelle développée. Une personne capable de gérer les désaccords avec calme et diplomatie montre une maturité émotionnelle. La courtoisie dans la résolution de conflits révèle une capacité à maintenir des relations positives même dans des situations délicates.

La courtoisie, exprimée par la patience et la tolérance envers les différences, devient un indicateur de maturité émotionnelle. Cela démontre la capacité à prendre du recul, à comprendre les diverses perspectives et à maintenir un état d'esprit ouvert. La capacité à reconnaître ses propres erreurs avec humilité et à s'excuser dévoile une maturité émotionnelle. Lors d'une réunion d'équipe, un collègue a remarqué que son coéquipier semblait stressé. Plutôt que d'ignorer cette observation, il s'est approché discrètement, lui a posé des questions ouvertes, et a offert son aide. Cette courtoisie empreinte d'empathie a créé un espace où les émotions pouvaient être partagées et traitées avec compréhension.

Au cours d'une discussion animée sur un projet, deux collègues avaient des points de vue divergents. Plutôt que de s'engager dans un débat houleux, ils ont convenu de prendre une pause, de réfléchir à leurs positions respectives, puis ont repris la conversation avec une approche plus collaborative. Leur courtoisie dans la gestion du désaccord a préservé la relation professionnelle. Dans une équipe internationale, des membres ont dû collaborer malgré des différences culturelles marquées.

Un exemple poignant était celui d'un collègue qui, au lieu de réagir impulsivement à des différences de travail, a pris le temps de comprendre les perspectives culturelles, démontrant ainsi une courtoisie imprégnée de patience et de tolérance. Suite à une erreur dans la gestion d'un projet, un responsable a pris l'initiative de réunir l'équipe, d'admettre ses erreurs, et de proposer des solutions correctives. Cette courtoisie dans la reconnaissance des erreurs a renforcé la confiance de l'équipe, montrant une maturité émotionnelle dans la gestion des challenges professionnels.

Ces exemples illustrent comment la courtoisie devient un reflet concret de la maturité émotionnelle. En embrassant des attitudes empathiques, en gérant les désaccords avec diplomatie, en faisant preuve de patience et de tolérance, et en reconnaissant les erreurs avec humilité, les individus démontrent une compréhension avancée de leurs propres émotions et de celles des autres.

La section sur la courtoisie comme signe de maturité émotionnelle explore de manière perspicace la relation étroite entre la façon dont nous interagissons avec autrui et notre niveau de maturité émotionnelle. Les exemples précis et poignants apportent une dimension concrète à cette connexion, illustrant comment la courtoisie devient un indicateur visible de la compréhension et de la gestion émotionnelle.

En soulignant l'importance de l'empathie en action, de la gestion des désaccords, de la patience et de la tolérance, ainsi que de la reconnaissance des erreurs, cette section met en lumière comment la courtoisie transcende les simples règles sociales pour devenir un moyen d'exprimer une intelligence émotionnelle avancée. Ces exemples démontrent que la courtoisie n'est pas simplement une série de comportements externes, mais plutôt le reflet de notre capacité à naviguer avec grâce à travers les complexités émotionnelles des interactions humaines.

En résumé, la section offre une perspective profonde sur la façon dont la courtoisie peut être un véritable baromètre de la maturité émotionnelle, contribuant ainsi à des relations interpersonnelles plus saines et à un environnement où l'intelligence émotionnelle est valorisée. Autre moment où se manifeste la courtoise, c'est dans les situations délicates de la vie. La courtoisie en situation délicate se révèle comme une lumière douce dans les moments difficiles de la vie. C'est l'art de naviguer avec grâce à travers les défis, exprimant empathie, respect et considération même lorsque les émotions sont à vif.

Que ce soit dans la perte d'un être cher, la gestion d'un désaccord, ou la reconnaissance d'une erreur, la courtoisie devient une boussole qui guide nos réponses avec élégance, préservant ainsi l'harmonie relationnelle et renforçant la résilience des liens humains. En faisant preuve de courtoisie envers soi-même et envers les autres dans ces moments délicats, nous construisons des ponts de compréhension et de soutien mutuel, contribuant à une vie plus riche de sens et de relations équilibrées.

CHAPITRE 4

La Discrétion, Pilier Essentiel du Savoir-Vivre

Le chapitre sur la discrétion explore la valeur de cette qualité souvent sous-estimée dans nos interactions sociales. Découvrez comment la discrétion devient un pilier essentiel du savoir-vivre, influençant la manière dont nous partageons des informations, préservons la confidentialité, et cultivons des relations de confiance. Ce chapitre offre une exploration approfondie de la discrétion, mettant en lumière son rôle central dans la préservation des relations, la construction de la confiance et le maintien d'une conduite respectueuse dans divers contextes de la vie quotidienne.

La discrétion guide la façon dont nous partageons des informations, en soulignant l'importance de la prudence et du respect des limites pour maintenir des relations saines. Elle se manifeste à travers le respect absolu de la confidentialité, que ce soit dans le cadre professionnel, familial ou amical, et comment cela contribue à établir une réputation de fiabilité. La discrétion devient ainsi, un acte de courtoisie lorsqu'il s'agit de gérer des secrets, illustrant comment la retenue peut préserver des relations et renforcer la confiance.

La discrétion dans un monde connecté, en examinant comment gérer les informations personnelles en ligne avec précaution, contribue à maintenir une présence numérique respectueuse. La discrétion se manifeste surtout à travers la subtilité dans les conversations, soulignant l'importance de savoir quand et comment partager des informations de manière appropriée. Elle devient un pilier de l'éthique professionnelle, en examinant comment le respect des informations confidentielles est essentiel pour une conduite professionnelle intègre.

La discrétion influence la manière dont nous partageons des informations, soulignant l'importance de la prudence et du respect des limites pour maintenir des relations saines. La discrétion s'exprime par la prudence dans le partage d'informations personnelles. Savoir évaluer la pertinence et l'intimité de ce qui est partagé contribue à créer des liens authentiques sans compromettre la sphère privée. Partager avec discrétion implique de respecter les frontières émotionnelles des autres. Cela signifie reconnaître les signes de confort et de désinvolture dans une conversation, créant ainsi un espace où chacun se sent à l'aise.

La discrétion se manifeste également par la sélectivité dans les détails partagés. Identifier les informations pertinentes tout en évitant les détails superflus contribue à maintenir un équilibre entre l'ouverture et la protection de la vie privée. Dans des situations délicates, la discrétion exige une responsabilité accrue dans le partage d'informations sensibles. Évaluer les conséquences potentielles et obtenir le consentement lorsque nécessaire sont des aspects cruciaux de cette responsabilité. La discrétion, à travers la prudence et le respect des limites, joue un rôle essentiel dans la préservation des relations personnelles. En équilibrant l'ouverture avec la retenue, elle contribue à créer un environnement où la confiance et le respect mutuel prospèrent.

La discrétion se révèle également dans la capacité à partager des informations de manière positive. Éviter les récits nuisibles ou les potins inutiles permet de construire des relations basées sur la confiance et la bienveillance. Partager des aspects positifs de nos vies contribue à créer une atmosphère propice à des interactions agréables. La discrétion s'étend au-delà du partage actif, incluant l'écoute attentive en retour. Être conscient de ce que les autres partagent et respecter leur vulnérabilité renforce la qualité des relations en créant un espace où chacun se sent compris et respecté.

En intégrant ces deux aspects, la discrétion devient une pratique holistique dans la communication, favorisant des échanges équilibrés, respectueux et authentiques. Partager avec prudence ne se limite pas à l'acte de parler, mais englobe également la manière dont nous écoutons et interagissons avec les informations partagées par les autres. En mettant en avant la prudence dans le partage d'informations personnelles et le respect des frontières émotionnelles, la section offre des conseils concrets pour naviguer avec délicatesse dans les interactions sociales. Les exemples de partage positif et d'écoute active en retour démontrent comment la discrétion va au-delà de la simple retenue, influençant la qualité même des échanges.

En résumé, cette section offre des conseils pratiques et des exemples éloquents qui mettent en lumière l'importance de la discrétion dans la création d'une communication respectueuse et authentique. Elle souligne que la prudence dans le partage d'informations est un acte de respect envers soi-même et envers les autres, contribuant ainsi à des relations saines et enrichissantes. La discrétion se manifeste à travers le respect absolu de la confidentialité, qu'il s'agisse du domaine professionnel, familial ou amical. Découvrez comment préserver les informations confidentielles contribue à établir une réputation de fiabilité et à maintenir des relations fondées sur la confiance.

La discrétion atteint son apogée dans le cadre professionnel, où la gestion prudente des informations sensibles est cruciale. Être un gardien des secrets professionnels démontre une maturité émotionnelle et éthique, renforçant la confiance au sein de l'équipe et avec les partenaires commerciaux.

Au sein de la famille, la discrétion s'exprime par le respect des sphères privées de chacun. Éviter de partager des détails intimes sans consentement préserve l'intégrité des relations familiales et crée un environnement où chacun se sent en sécurité pour partager ses pensées et ses sentiments. Dans les amitiés, l'honneur amical se construit sur la confidentialité. Être digne de confiance en gardant les confidences des amis renforce les liens et assure un espace où chacun peut être authentique sans craindre de jugement ou de trahison.

La discrétion contribue à forger une réputation de fiabilité. Être connu comme une personne capable de préserver les informations confiées renforce la confiance dans toutes les sphères de la vie, favorisant des relations durables et épanouissantes. La discrétion, à travers la préservation de la confidentialité, devient un pilier fondamental pour établir et maintenir des relations basées sur la confiance. En comprenant l'importance de respecter la vie privée des autres, nous contribuons à créer des environnements où chacun peut évoluer en toute authenticité.

La discrétion est essentielle pour éviter les conséquences néfastes de la trahison de confiance. Explorer comment le non-respect de la confidentialité peut entraîner des ruptures de relations, des pertes professionnelles, et des tensions familiales. Comprendre ces conséquences incite à une pratique plus attentive de la discrétion. La discrétion implique également de reconnaître l'importance du consentement. Encourager la communication ouverte sur les attentes en matière de confidentialité dans chaque relation, que ce soit au travail, en famille ou entre amis. L'instauration d'un dialogue sur ces sujets favorise un environnement où les limites sont respectées mutuellement.

Voici quelques anecdotes pour mieux comprendre le pouvoir de la discrétion.

Dans le milieu professionnel, une employée a divulgué accidentellement des informations confidentielles à un concurrent. Les conséquences ont été graves, entraînant non seulement la perte du contrat, mais également des tensions au sein de l'équipe. Cette situation met en évidence la manière dont la discrétion est cruciale pour éviter des conséquences dommageables tant sur le plan professionnel que relationnel.

Au sein d'une famille, un membre a partagé un secret familial sensible sans le consentement des autres. Cette violation de la confidentialité a engendré des conflits et a affecté la confiance au sein de la famille. Cet exemple souligne comment la discrétion est un élément vital pour préserver l'harmonie et le lien familial.

Dans une amitié étroite, deux amis ont instauré une communication ouverte sur leurs attentes en matière de confidentialité. Ils ont discuté des sujets sensibles qu'ils préféraient ne pas partager et ont établi une confiance mutuelle en respectant ces limites. Cette anecdote met en évidence comment le consentement et la communication ouverte renforcent la discrétion et préservent des relations durables.

Au sein d'une équipe professionnelle, un responsable a organisé une séance de sensibilisation sur l'importance de la confidentialité des informations. Les membres ont partagé des expériences où le non-respect de la discrétion avait eu des répercussions négatives. Cette initiative a renforcé la compréhension commune de l'importance de la discrétion dans le milieu professionnel.

Ces anecdotes ajoutent une dimension significative à la section sur la confidentialité en toute circonstance, apportant des exemples concrets de la manière dont la discrétion, ou son absence, peut influencer des situations réelles. La narration des conséquences de la trahison de confiance offre une perspective tangible sur les dommages potentiels que peut causer le non-respect de la confidentialité, que ce soit dans le milieu professionnel ou familial. Ces histoires illustrent de manière poignante l'importance de la discrétion pour préserver des relations saines et la confiance mutuelle.

Les anecdotes sur le consentement et la communication ouverte montrent comment la mise en place de ces pratiques favorise un environnement où chacun se sent respecté et entendu. Ces récits mettent en évidence la manière dont la discrétion, lorsqu'elle est guidée par le consentement et la compréhension mutuelle, contribue à renforcer les liens relationnels.

En résumé, cette partie, enrichie par des anecdotes évocatrices, souligne de manière éloquente la nécessité de la discrétion dans toutes les sphères de la vie, offrant des leçons pratiques et des avertissements issus de situations réelles. La discrétion devient donc un acte de courtoisie lorsqu'il s'agit de gérer des secrets, illustrant comment la retenue peut préserver des relations et renforcer la confiance.

La courtoisie se manifeste par la maîtrise de l'art de garder un secret. Savoir quand il est approprié de conserver des informations confidentielles et comment le faire avec intégrité est essentiel pour établir une réputation de confiance. Être courtois dans la gestion des secrets implique une sensibilité aux révélations graduelles. Comprendre quand partager des informations de manière progressive, respectant le rythme émotionnel des autres, est une manifestation délicate de la courtoisie.

La courtoisie se concrétise également à travers l'écoute empathique lorsqu'un secret est partagé. Offrir une oreille attentive, sans jugement, renforce la confiance et souligne le respect envers la personne qui partage ses pensées les plus intimes. La courtoisie s'exprime en respectant les décisions de partage des autres. Si quelqu'un choisit de ne pas partager un secret, respecter ce choix contribue à créer un environnement où chacun se sent en sécurité pour décider de la portée de sa vie privée.

Dans un contexte professionnel, la courtoisie dans la gestion des secrets est essentielle. Savoir reconnaître les limites entre la vie professionnelle et personnelle et respecter la confidentialité des collègues renforce un climat de travail respectueux. La courtoisie, appliquée à la discrétion, à travers la gestion des secrets, devient un élément clé pour préserver la confiance et favoriser des relations respectueuses. En comprenant l'art subtil de garder un secret, en étant sensible aux besoins émotionnels des autres, et en respectant les décisions de partage, la courtoisie devient un acte de respect mutuel.

C'est l'exemple de Julie, après avoir reçu une confidence de son ami, a fait preuve d'une maîtrise exceptionnelle en gardant le secret malgré les pressions extérieures. Son engagement à protéger la vie privée de son ami a renforcé la confiance dans leur amitié. L'exemple de Julie démontre la valeur de l'engagement à garder un secret malgré les pressions extérieures, soulignant comment cette maîtrise renforce la confiance.

La discrétion se manifeste à travers la subtilité dans les conversations, soulignant l'importance de savoir quand et comment partager des informations de manière appropriée. La subtilité dans les conversations devient un art délicat à maîtriser. Savoir comment transmettre des informations sans être trop direct, tout en laissant place à l'interprétation et au choix de l'autre, est une compétence cruciale pour des échanges respectueux.

La discrétion s'exprime par la reconnaissance des signaux non verbaux. Être attentif aux expressions faciales, aux gestes et aux tonalités de voix permet d'ajuster son discours de manière à respecter la sensibilité de l'autre. Dans les conversations délicates, la subtilité devient un bouclier protecteur. Savoir aborder des sujets sensibles avec précaution, en utilisant des formulations délicates, favorise des échanges constructifs et préserve les relations. Être courtois dans la gestion des sujets sensibles implique une maîtrise subtile. Éviter de forcer la discussion sur des thèmes délicats et respecter les limites émotionnelles crée un espace où la communication reste ouverte et respectueuse. La subtilité devient une alliée précieuse dans la prudence à l'égard des rumeurs. Refuser de propager des informations non vérifiées et être conscient des potentielles répercussions de ses paroles sont des manifestations de cette subtilité.

La subtilité dans les conversations, guidée par la discrétion, est essentielle pour préserver la délicatesse des échanges et maintenir des relations respectueuses. En comprenant l'art délicat de la subtilité, nous contribuons à créer des interactions où chacun se sent entendu et respecté.

Lors d'une réunion professionnelle délicate, Paul a su exprimer ses préoccupations de manière subtile en choisissant des mots soigneusement pesés. Cette approche a ouvert la voie à une discussion constructive sans compromettre la relation professionnelle. En discutant avec son ami, Marie a remarqué des signaux non verbaux indiquant une sensibilité accrue. Elle a ajusté son discours en conséquence, démontrant ainsi une subtilité qui a préservé l'émotionnel de la conversation.

Lorsqu'Anne a abordé un sujet délicat avec son partenaire, elle a choisi ses mots avec précaution pour éviter tout malentendu. Cette subtilité a permis une discussion ouverte sans créer de tensions inutiles. Au sein d'un groupe d'amis, Marc a démontré une maîtrise subtile en évitant de forcer la discussion sur un sujet sensible que certains membres préféraient ne pas aborder. Cette délicatesse a préservé l'harmonie du groupe.

Lorsqu'on a demandé à Sarah de commenter une rumeur au travail, elle a choisi de rester neutre et de ne pas propager d'informations non vérifiées. Cette prudence subtile a maintenu un environnement professionnel sain, évitant des malentendus. Ces exemples précis illustrent comment la subtilité dans les conversations, guidée par la discrétion, peut préserver la délicatesse des échanges et maintenir des relations respectueuses. En naviguant avec habileté dans les nuances des interactions, chacun peut contribuer à un dialogue ouvert et respectueux.

La discrétion peut se manifester dans les échanges quotidiens. Les exemples précis et les anecdotes apportent une dimension concrète, montrant comment la subtilité devient un outil précieux pour préserver la délicatesse des interactions. L'histoire de Paul souligne comment l'art de la subtilité peut être particulièrement efficace dans des contextes professionnels délicats, permettant des discussions ouvertes sans compromettre les relations. L'anecdote de Marie met en avant l'importance de la reconnaissance des signaux non verbaux, soulignant comment ajuster son discours en fonction des émotions non exprimées.

Les récits de conversations délicates d'Anne et de Marc illustrent comment la subtilité peut être un moyen de naviguer habilement dans des sujets sensibles, préservant ainsi la qualité des relations. Enfin, l'exemple de Sarah met en lumière l'importance de la prudence dans la gestion des rumeurs, soulignant comment la subtilité peut contribuer à maintenir un environnement professionnel sain. En résumé, cette section offre des perspectives pratiques sur l'application de la subtilité dans divers contextes, soulignant son rôle essentiel pour favoriser des interactions respectueuses et bienveillantes.

La discrétion devient un pilier de l'éthique professionnelle, examinant comment le respect des informations confidentielles est essentiel pour une conduite professionnelle intègre. La discrétion dans le cadre professionnel implique une responsabilité accrue envers les informations sensibles. Comprendre la valeur de la confidentialité dans le contexte professionnel contribue à bâtir une réputation de fiabilité.

Être discret au travail nécessite un équilibre subtil entre transparence et rétention d'informations. Savoir quand partager des détails tout en respectant les protocoles de confidentialité est essentiel pour maintenir la confiance au sein de l'équipe. La discrétion joue un rôle significatif dans la construction de la réputation professionnelle. Les professionnels qui démontrent une capacité à traiter les informations avec délicatesse et retenue gagnent souvent la confiance de leurs pairs et supérieurs.

Une communication éthique, soutenue par la discrétion, est cruciale. Respecter les politiques de confidentialité de l'entreprise et savoir comment communiquer avec tact, que ce soit en interne ou avec des partenaires externes, renforce la crédibilité professionnelle. La discrétion se manifeste également dans la gestion des conflits d'intérêts. Éviter les divulgations inappropriées et traiter les informations sensibles de manière impartiale garantit une conduite éthique dans toutes les situations professionnelles.

Cette section met donc en évidence l'importance cruciale de la discrétion dans le contexte professionnel, montrant comment elle est étroitement liée à une conduite éthique et à la préservation de la réputation. En comprenant comment naviguer dans la délicate équation entre transparence et confidentialité, les professionnels peuvent contribuer à un environnement de travail intègre et respectueux.

Lorsqu'une entreprise a été confrontée à une cyber-attaque, le responsable informatique a démontré une responsabilité exceptionnelle en protégeant rapidement les informations sensibles, évitant ainsi une fuite de données préjudiciable. Dans une équipe de projet, Clara a su trouver un équilibre entre transparence et rétention d'informations cruciales pour le succès du projet. Cette subtilité a maintenu la confiance au sein de l'équipe tout en respectant les exigences de confidentialité.

John, en tant que consultant financier, a constamment appliqué la discrétion dans ses interactions professionnelles. Son engagement envers la confidentialité a renforcé sa réputation, attirant davantage de clients qui valorisaient son intégrité. Lors de négociations avec des partenaires externes, Sarah a fait preuve d'une communication éthique en respectant les clauses de confidentialité convenues. Cette intégrité a établi des relations durables et a renforcé la crédibilité de son entreprise.

Le manager, conscient du conflit d'intérêts, a immédiatement informé les parties concernées de la situation tout en préservant la confidentialité des détails sensibles. Sa transparence proactive a contribué à résoudre le problème de manière éthique, évitant ainsi des implications négatives pour l'entreprise et préservant sa réputation d'intégrité. Cet exemple illustre comment la discrétion dans la communication, en particulier dans des contextes délicats tels que les négociations externes, est un élément clé de l'éthique professionnelle. La gestion transparente des informations sensibles garantit une conduite professionnelle intègre, renforçant la confiance des parties prenantes et contribuant à une réputation solide.

Le chapitre sur la discrétion, a exploré les différentes facettes de la conduite respectueuse, mettant en lumière l'importance de la discrétion dans divers contextes, que ce soit dans les relations personnelles ou professionnelles. En récapitulant les points clés abordés dans ce chapitre, nous pouvons conclure sur quelques observations essentielles. La discrétion, en tant qu'art subtil de manier les informations avec précaution, a été examinée sous différentes perspectives. Des anecdotes vivantes ont illustré comment la discrétion peut préserver la confiance, nourrir des relations saines et contribuer à une communication respectueuse.

La subtilité dans les conversations a été présentée comme une compétence essentielle, montrant comment savoir quand et comment partager des informations est crucial pour maintenir la délicatesse des échanges. Les exemples ont démontré comment la subtilité peut prévenir des malentendus et favoriser une communication respectueuse.

Enfin, le lien entre la discrétion et l'éthique professionnelle a été souligné, démontrant comment le respect des informations confidentielles est non seulement une question de courtoisie, mais aussi un pilier fondamental de la crédibilité professionnelle.

En somme, ce chapitre nous a invités à réfléchir sur la manière dont la discrétion, la subtilité et l'éthique s'entrelacent pour créer un savoir-vivre qui transcende les contextes, contribuant à des relations épanouissantes et à une conduite professionnelle irréprochable.

CHAPITRE 5

La Gratitude, l'Art de Manifester sa Reconnaissance

Le chapitre sur la gratitude explore l'art de reconnaître et de manifester sa reconnaissance envers autrui. Découvrez comment exprimer sa gratitude va au-delà des simples mots et joue un rôle crucial dans le renforcement des liens sociaux, tant sur le plan personnel que professionnel. En parcourant ce chapitre, vous développerez une compréhension approfondie de l'importance de la gratitude dans toutes les sphères de la vie, apprenant comment cette pratique transforme non seulement votre perspective, mais aussi les relations qui vous entourent.

Il est très important de reconnaître les bienfaits que l'on reçoit, soulignant comment la gratitude commence par une prise de conscience des actes bienveillants des autres. Les diverses façons d'exprimer la gratitude, qu'il s'agisse de paroles sincères, de gestes concrets, ou d'attitudes bienveillantes, renforcent l'impact de la gratitude. L'importance de la gratitude dans le milieu professionnel, célèbre les contributions des collègues renforce le moral de l'équipe et crée un environnement de travail positif. La gratitude nourrit les relations personnelles. Des exemples concrets montreront comment cette pratique renforce les liens familiaux, amicaux et romantiques.

La gratitude agit sur le bien-être mental, émotionnel et physique en contribuant à un mode de vie épanouissant. La gratitude peut jouer un rôle crucial dans l'amélioration du bien-être mental. Des recherches soulignent son impact positif sur la réduction du stress, de l'anxiété et sur l'augmentation de la résilience émotionnelle. Exprimer sa gratitude renforce les liens sociaux. La reconnaissance des actions positives des autres contribue à créer des relations plus solides et à nourrir un sentiment de connexion au sein de la communauté.

Des études ont suggéré que la pratique régulière de la gratitude peut avoir des effets positifs, y compris une amélioration du sommeil, une réduction de la pression artérielle et une augmentation de la résistance immunitaire. La gratitude peut être un catalyseur pour promouvoir l'optimisme. En reconnaissant les aspects positifs de la vie, cette pratique favorise un état d'esprit positif, même face aux défis. La gratitude peut être un outil efficace dans la gestion du stress. En se concentrant sur ce qui va bien, elle offre une perspective équilibrée, aidant à atténuer les effets négatifs du stress quotidien.

Exemples :

Sophie, après avoir intégré la pratique quotidienne de tenir un journal de gratitude, a noté une diminution significative de son niveau d'anxiété. La reconnaissance régulière des petits moments positifs a contribué à une perspective plus équilibrée.

David, en exprimant sa gratitude envers ses collègues pour leur travail acharné, a créé un climat de travail plus positif. Cette reconnaissance a renforcé les liens au sein de l'équipe et a conduit à une collaboration plus harmonieuse.

Maria, en adoptant une attitude de gratitude, a constaté une amélioration de son sommeil. Le simple fait de se concentrer sur des aspects positifs avant de dormir a contribué à apaiser son esprit et à favoriser un repos plus profond.

Alex, confronté à des défis professionnels, a commencé à noter quotidiennement trois choses pour lesquelles il était reconnaissant. Ce changement a alimenté son optimisme, l'aidant à aborder les obstacles avec une attitude plus positive.

Laura, face à une période de stress intense, a introduit des moments de gratitude dans sa routine quotidienne. Cette pratique l'a aidée à garder une perspective équilibrée, réduisant ainsi l'impact du stress sur sa santé mentale.

Ces exemples concrets et anecdotes poignantes illustrent de manière tangible les bienfaits de la gratitude, montrant comment cette pratique simple peut avoir des répercussions significatives sur le bien-être mental, les relations sociales, la santé physique, l'optimisme et la gestion du stress.

La gratitude offre un aperçu puissant de la manière dont cette pratique peut transformer divers aspects de la vie. Les exemples spécifiques et les anecdotes poignantes ajoutent une dimension humaine, démontrant de manière vivante comment la gratitude peut véritablement influencer le bien-être mental, les relations, la santé physique, l'optimisme et la gestion du stress.

Un équilibre mental, comme illustré par l'exemple de Sophie, souligne la puissance de la gratitude dans la gestion des défis émotionnels. L'anecdote de David met en lumière comment exprimer la gratitude au travail peut créer un environnement professionnel plus positif et renforcer les liens entre collègues, contribuant ainsi à un climat de travail plus harmonieux.

Les exemples de Maria et Alex démontrent comment la gratitude peut avoir des répercussions physiques et mentales, favorisant un sommeil réparateur et alimentant une attitude optimiste face aux défis. Enfin, l'histoire de Laura souligne comment intégrer la gratitude dans une routine quotidienne peut être un remède efficace contre le stress, permettant de maintenir une perspective équilibrée même dans des périodes difficiles.

En résumé, cette section offre une exploration approfondie des bienfaits de la gratitude, mettant en avant son potentiel transformateur dans divers aspects de la vie quotidienne. Ces exemples concrets invitent à la réflexion sur la manière dont la pratique de la gratitude peut être intégrée pour améliorer significativement le bien-être global. La gratitude peut être exprimée de plusieurs manières, soulignant l'importance de choisir la forme appropriée en fonction des situations et des relations. Exprimer sa gratitude à travers des paroles sincères peut avoir un impact significatif. Des exemples illustreront comment choisir les mots justes renforce l'authenticité de la reconnaissance.

Des gestes concrets peuvent être une expression puissante de la gratitude. Des anecdotes décriront comment des actions simples peuvent avoir un effet positif durable sur les relations. Cette partie examine comment une attitude générale de bienveillance peut être une forme continue d'expression de la gratitude. Des exemples montreront comment créer un environnement empreint de gratitude dans les interactions quotidiennes. Les cadeaux et les surprises peuvent être des moyens tangibles d'exprimer la gratitude. Des histoires illustreront comment choisir des cadeaux significatifs renforce le lien émotionnel.

La reconnaissance publique comme une forme particulière d'expression de la gratitude. Des exemples décriront comment reconnaître les efforts de manière publique peut inspirer et motiver. Le panorama complet des différentes façons dont la gratitude peut être exprimée, montrent que l'authenticité et la pertinence de la forme choisie contribuent à renforcer l'impact de la reconnaissance.

Exemples :

Marie, en exprimant sa gratitude envers son ami pour son soutien, a choisi des mots sincères pour décrire l'impact positif que cela a eu sur sa vie. Ces paroles ont renforcé la profondeur de la connexion amicale.

Paul, reconnaissant envers son collègue pour son assistance, a fait un geste concret en prenant en charge une partie de son travail. Ce geste désintéressé a créé un lien de confiance et de collaboration durable. Emma a adopté une attitude générale de bienveillance envers ses collègues, montrant quotidiennement son appréciation par de petites attentions. Cette constance a contribué à créer un environnement de travail empreint de gratitude. Lors d'un anniversaire, Julia a exprimé sa gratitude envers son partenaire en offrant un cadeau qui reflétait parfaitement ses goûts. Ce geste réfléchi a créé un moment de joie partagée.

David, en public, a reconnu les efforts exceptionnels de son employé lors d'une réunion d'équipe. Cette reconnaissance publique a non seulement honoré l'individu, mais a aussi inspiré d'autres membres de l'équipe. Ces exemples concrets et anecdotes poignantes démontrent comment la gratitude peut être exprimée de différentes manières. Que ce soit à travers des mots sincères, des gestes concrets, une attitude bienveillante, des cadeaux significatifs, ou une reconnaissance publique, chaque forme choisie reflète l'authenticité de la gratitude et renforce les relations de manière significative.

Les différentes formes d'expression de la gratitude offrent une perspective riche sur la diversité des moyens par lesquels cette reconnaissance peut être transmise. Les exemples spécifiques et les anecdotes poignantes ajoutent une dimension pratique, illustrant comment ces diverses formes d'expression peuvent avoir un impact réel dans des situations variées. L'exemple de Marie souligne l'importance des paroles sincères, montrant comment choisir soigneusement ses mots peut intensifier la signification de la gratitude. L'anecdote de Paul illustre comment des gestes concrets peuvent transcender les simples mots, créant ainsi des liens de confiance et de collaboration.

L'histoire d'Emma met en avant l'attitude bienveillante comme une expression continue de gratitude, soulignant comment cette approche quotidienne peut influencer l'environnement social. Les exemples de cadeaux réfléchis, comme celui de Julia, mettent en évidence comment des gestes tangibles peuvent créer des moments de joie partagée et renforcer les relations. Enfin, la reconnaissance publique, comme décrite dans l'exemple de David, montre comment mettre en lumière les actions positives peut non seulement honorer individuellement, mais aussi inspirer et motiver l'ensemble de l'équipe.

En somme, cette section souligne l'importance de choisir la forme d'expression de la gratitude en fonction du contexte et de la relation, offrant ainsi un éventail d'approches pour renforcer les liens interpersonnels. La manière dont la gratitude peut être intégrée dans le contexte professionnel, souligne son impact sur le moral des employés, la dynamique d'équipe et la culture organisationnelle.

La reconnaissance des contributions individuelles au travail peut avoir des effets positifs sur la motivation et l'engagement des employés. Des exemples détailleront comment célébrer les réalisations individuelles renforce la confiance et le sentiment d'accomplissement.

La pratique de la gratitude par les leaders influence la culture organisationnelle. Des anecdotes montreront comment des leaders reconnaissants inspirent une atmosphère de confiance et encouragent la collaboration au sein de l'équipe. Cette partie examinera comment intégrer la gratitude dans les rituels professionnels, tels que les réunions d'équipe et les évaluations. Des exemples illustreront comment cette intégration contribue à créer un environnement de travail positif.

La gratitude entre collègues peut renforcer les relations professionnelles. Des histoires montreront comment exprimer sa reconnaissance envers ses pairs contribue à une atmosphère de collaboration et de soutien. La gratitude peut être pratiquée même face aux défis professionnels. Des exemples décriront comment maintenir une attitude reconnaissante pendant les périodes difficiles renforce la résilience individuelle et collective. La gratitude dans le contexte professionnel, montre comment cette pratique peut transcender les relations individuelles pour influencer positivement la dynamique globale au sein d'une organisation.

Exemples :

Lors d'une réunion d'équipe, Sarah a spécifiquement reconnu l'effort exceptionnel de James sur un projet. Cette reconnaissance individuelle a non seulement boosté la motivation de James, mais a également encouragé les autres membres de l'équipe à exceller.

Le PDG, David, a régulièrement exprimé sa gratitude envers les membres de son équipe. Cette pratique a créé une culture où chaque employé se sentait valorisé, contribuant ainsi à une équipe plus engagée et performante.

Lors des réunions hebdomadaires, une entreprise a introduit un moment dédié à la gratitude, où les membres de l'équipe partagent leurs réalisations. Cette intégration a instauré une culture de reconnaissance et de célébration collective.

Laura, reconnaissante envers son collègue pour son soutien pendant une période chargée, a écrit une note de remerciement. Cette expression de gratitude a renforcé leur relation professionnelle et a créé une ambiance de travail positive.

Malgré des défis économiques, l'équipe de développement a exprimé sa gratitude pour l'opportunité d'innover. Cette perspective positive a inspiré des solutions créatives, montrant comment la gratitude peut être un catalyseur dans les moments difficiles.

Ces exemples concrets et anecdotes poignantes illustrent comment la gratitude peut être intégrée au sein du monde professionnel de manière tangible. Que ce soit par la reconnaissance des contributions individuelles, la pratique de la gratitude par les leaders, l'intégration dans les rituels professionnels, les expressions entre collègues, ou même dans les moments de défis, la gratitude émerge comme un élément essentiel pour cultiver un environnement professionnel positif et productif.

La gratitude au travail met en lumière la façon dont cette pratique peut véritablement transformer la dynamique professionnelle. Les exemples spécifiques et les anecdotes poignantes démontrent comment l'intégration de la gratitude dans le milieu professionnel peut avoir des répercussions significatives sur le moral des employés, la culture organisationnelle et la collaboration au sein des équipes.

L'exemple de Sarah souligne l'impact positif de la reconnaissance individuelle sur la motivation et la performance de l'équipe. L'anecdote du PDG, David, met en évidence comment la gratitude en leadership peut influencer toute la culture de l'entreprise, créant un environnement où chaque employé se sent valorisé. L'intégration de la gratitude dans les rituels professionnels, illustrée par l'exemple des réunions hebdomadaires, offre une approche systématique pour favoriser une culture de reconnaissance et de célébration collective. L'histoire de Laura montre comment les expressions de gratitude entre collègues contribuent à renforcer les relations professionnelles.

Enfin, l'exemple de l'équipe de développement face aux défis économiques souligne la résilience que peut apporter la gratitude, même dans des périodes difficiles. Cette section témoigne de la polyvalence de la gratitude au travail, soulignant son rôle non seulement dans les moments de succès, mais aussi comme un catalyseur pour surmonter les obstacles et favoriser une culture de collaboration et de résilience.

La gratitude peut enrichir les relations personnelles, que ce soit au sein de la famille, entre amis ou dans des relations romantiques. La gratitude peut renforcer les liens familiaux en reconnaissant les actes de gentillesse au sein de la famille. Des exemples détailleront comment exprimer sa reconnaissance pour les petites actions quotidiennes contribue à créer un environnement familial positif.

La gratitude peut jouer un rôle dans les amitiés en reconnaissant et en célébrant les qualités et les actions positives de vos amis. Des anecdotes montreront comment la gratitude peut renforcer l'amitié et créer des souvenirs durables. Cette partie examinera comment la gratitude peut être intégrée dans une relation romantique, soulignant l'importance de reconnaître et de valoriser son partenaire. Des exemples illustreront comment exprimer sa reconnaissance peut renforcer l'intimité et la connexion émotionnelle.

La gratitude peut être une ressource face aux défis familiaux. Des histoires montreront comment maintenir une attitude reconnaissante peut favoriser la résilience familiale dans les moments difficiles. La gratitude peut être une manière spéciale de célébrer les étapes de vie, des événements importants aux petites victoires. Des exemples décriront comment cette pratique peut enrichir ces moments et renforcer les liens affectifs.

Exemples :

Sophie, reconnaissante pour le soutien constant de sa mère, a pris le temps de lui écrire une lettre sincère exprimant sa gratitude pour les petits gestes attentionnés qui ont contribué à sa vie quotidienne.

Nicolas a organisé une soirée surprise pour son ami Paul, exprimant ainsi sa gratitude pour leur amitié durable. Cette célébration inattendue a renforcé leur lien d'amitié et a créé des souvenirs précieux.

Laura a créé un album photo personnalisé pour son partenaire, mettant en avant les moments spéciaux qu'ils ont partagés. Cette expression de gratitude a renforcé l'intimité de leur relation.

La famille de Jean a traversé une période difficile, mais ils ont maintenu une tradition quotidienne de partager un moment de gratitude autour de la table de dîner. Cette pratique a créé une atmosphère positive malgré les défis, renforçant ainsi les liens familiaux.

À l'occasion du diplôme de sa sœur, Emma a organisé une fête surprise en exprimant sa gratitude pour le parcours académique de sa sœur. Cette célébration spéciale a été un moyen unique de célébrer cette étape de vie avec amour et reconnaissance.

Ces exemples concrets et anecdotes poignantes démontrent comment la gratitude peut être un fil conducteur puissant au sein des relations personnelles. Que ce soit en reconnaissant les actes de gentillesse familiale, en exprimant la gratitude entre amis, dans une relation romantique, face aux défis familiaux, ou en célébrant les étapes de vie, la gratitude émerge comme un moyen significatif de renforcer les liens affectifs et de créer des souvenirs durables.

Ces exemples mettent en lumière l'impact profond que cette pratique peut avoir dans des contextes intimes. Les exemples précis et les anecdotes poignantes illustrent comment la gratitude peut enrichir diverses facettes des relations familiales, amicales et romantiques.

L'exemple de Sophie démontre comment la reconnaissance des actes de gentillesse familiaux peut renforcer les liens, tandis que l'anecdote de Nicolas souligne comment la gratitude entre amis peut être célébrée de manière inattendue, renforçant ainsi l'amitié. L'histoire de Laura et son partenaire montre comment exprimer la reconnaissance dans une relation romantique peut créer une connexion plus profonde.

Face aux défis familiaux, l'anecdote de Jean souligne comment maintenir une attitude de gratitude quotidienne peut contribuer à maintenir une atmosphère positive. Enfin, l'exemple d'Emma célébrant une étape de vie avec gratitude souligne comment cette pratique peut transformer des moments spéciaux en expériences encore plus significatives. Cette section offre un regard holistique sur la manière dont la gratitude peut être intégrée dans les relations personnelles, montrant qu'elle va au-delà de simples expressions de remerciement. Les exemples montrent comment la gratitude devient un moyen de créer des connexions émotionnelles plus profondes, de surmonter les défis ensemble et de célébrer les moments joyeux de la vie de manière significative. En résumé, la gratitude émerge comme un pilier fondamental qui renforce les liens familiaux, amicaux et romantiques, apportant une dimension supplémentaire de sens et d'appréciation à nos relations personnelles.

CHAPITRE 6

Éviter les Comportements Offensants

Ce chapitre explorera les différents aspects liés à la prévention des comportements offensants, soulignant l'importance de la sensibilité, du respect et de la compréhension mutuelle dans les interactions sociales. Ce chapitre mettra en avant la nécessité d'une approche réfléchie et respectueuse dans les interactions sociales, soulignant comment l'évitement des comportements offensants contribue à un environnement harmonieux.

La sensibilité culturelle peut jouer un rôle essentiel dans l'évitement des comportements offensants et impacte positivement la compréhension des diversités culturelles sur les relations interpersonnelles. L'importance de respecter la diversité des opinions permet d'éviter les malentendus et les comportements offensants, illustrant ainsi comment encourager un dialogue ouvert contribue à créer un environnement respectueux. Il est impératif d'éviter les stéréotypes et les préjugés dans les interactions sociales. Une approche nuancée et individuelle favorise des relations plus égalitaires. La pratique de la communication non violente peut être un outil puissant pour éviter les comportements offensants. L'empathie et la compréhension mutuelle sont au cœur d'une communication respectueuse.

L'importance de reconnaître et de corriger les erreurs lorsque des comportements offensants surviennent, témoigne de la responsabilité personnelle et contribue à restaurer des relations endommagées. L'importance de la sensibilité culturelle met en évidence la nécessité de comprendre et d'apprécier la diversité culturelle pour favoriser des interactions respectueuses. Les exemples précis et les anecdotes poignantes soulignent comment la sensibilité culturelle va au-delà de simples gestes, influençant la manière dont nous nous exprimons, célébrons la diversité et apprenons les uns des autres. La compréhension des normes culturelles est essentielle pour éviter les malentendus. Des exemples détailleront comment des gestes apparemment anodins peuvent être interprétés différemment dans diverses cultures.

La communication en fonction des contextes culturels. Des anecdotes illustreront comment ajuster son langage et ses expressions pour refléter la sensibilité culturelle favorise des échanges respectueux. L'importance de célébrer la diversité culturelle. Des exemples montreront comment reconnaître et valoriser les différences contribue à créer un environnement inclusif et respectueux. Eviter les préjugés culturels en favorisant une approche ouverte et curieuse, illustre comment remettre en question les stéréotypes contribue à des interactions plus égalitaires. L'idée d'apprendre de l'autre comme moyen d'accroître la sensibilité culturelle, montre comment les expériences partagées peuvent enrichir la compréhension mutuelle. L'idée que la sensibilité culturelle est un pilier essentiel pour des interactions respectueuses, encourageant la reconnaissance et la célébration de la diversité culturelle dans tous les aspects de la vie quotidienne.

Exemples :

Lors d'une réunion internationale, Marc a offert une poignée de main, ignorant que dans la culture locale, c'était un geste formel réservé à des relations très proches. Cet exemple souligne comment la compréhension des normes culturelles peut prévenir des malentendus involontaires.

Sarah, en voyage à l'étranger, a ajusté son langage corporel et ses expressions faciales pour être plus en phase avec la culture locale. Ce simple ajustement a favorisé des échanges chaleureux et respectueux.

Dans une entreprise multiculturelle, une journée annuelle a été dédiée à la célébration des différentes traditions culinaires des employés. Cet événement a renforcé le sentiment d'appartenance et célébré la richesse de la diversité.

Maria, confrontée à des préjugés culturels, a pris l'initiative de partager son propre héritage culturel au travers d'une présentation au travail. Cette démarche a contribué à changer les perceptions et à favoriser un environnement plus inclusif.

Alex a développé une amitié avec un collègue d'une culture différente en participant à des événements et en partageant des traditions. Cette expérience a enrichi leur compréhension mutuelle, démontrant que l'apprentissage de l'autre favorise des relations harmonieuses.

Ces exemples et anecdotes mettent en lumière la manière dont la sensibilité culturelle peut jouer un rôle crucial dans des interactions respectueuses. Ils illustrent comment comprendre les normes culturelles, adapter sa communication, célébrer la diversité, éviter les préjugés et apprendre de l'autre peuvent contribuer à créer un environnement où chaque individu se sent entendu, respecté et valorisé.

L'exemple de Marc illustre comment la méconnaissance des normes culturelles peut conduire à des malentendus involontaires, soulignant l'importance de la sensibilisation dans des contextes internationaux. L'anecdote de Sarah démontre comment l'adaptation de la communication en fonction des contextes culturels peut favoriser des échanges chaleureux.

La célébration de la diversité culturelle, illustrée par l'exemple de l'entreprise multiculturelle, met en avant comment reconnaître et valoriser les différentes traditions peut renforcer le sentiment d'appartenance. L'histoire de Maria montre comment éviter les préjugés culturels peut être abordé de manière proactive, contribuant ainsi à un environnement inclusif.

Enfin, l'exemple d'Alex souligne l'importance d'apprendre de l'autre, montrant que partager des expériences et des traditions peut enrichir la compréhension mutuelle. En somme, cette section encourage une approche ouverte, curieuse et respectueuse envers les différentes cultures, soulignant que la sensibilité culturelle est un fondement essentiel pour des interactions harmonieuses.

L'importance de respecter la diversité des opinions pour favoriser un dialogue ouvert et éviter les comportements offensants encourage un dialogue ouvert, où différentes opinions sont accueillies et respectées. Cela pourrait créer un espace propice à l'échange constructif.

L'art de l'écoute active est un moyen de respecter les opinions divergentes. Cette écoute empathique contribue à une compréhension mutuelle. L'importance de la tolérance envers les idées contraires, montre comment la tolérance favorise la coexistence pacifique malgré les divergences d'opinion. Construire des ponts entre différentes opinions plutôt que d'élever des barrières permet de trouver des points communs peut contribuer à des relations plus harmonieuses. La promotion du respect même en cas de désaccords profonds, permet de maintenir des relations respectueuses même lorsque les opinions divergent.

Le respect de la diversité des opinions met en évidence l'importance cruciale de créer un environnement où les idées divergentes sont accueillies et respectées. Les exemples précis et les anecdotes poignantes soulignent différentes façons de favoriser un dialogue ouvert, d'écouter activement, de tolérer les opinions opposées, de construire des ponts et de promouvoir le respect même en cas de désaccords.

L'exemple de la réunion d'équipe illustre comment encourager un dialogue ouvert peut transformer des discussions potentiellement conflictuelles en débats constructifs, permettant ainsi une prise de décision plus éclairée. L'anecdote de Sarah montre comment l'écoute active peut transformer une discussion politique animée en une conversation respectueuse.

La tolérance envers les idées contraires, illustrée par l'exemple de l'équipe créative, met en avant la valeur de considérer une variété de perspectives pour enrichir la créativité et la collaboration. L'histoire d'Emily et David démontre comment construire des ponts entre des opinions politiques opposées peut renforcer une amitié en trouvant un terrain commun.

Enfin, l'exemple de l'équipe de travail souligne comment promouvoir le respect malgré les désaccords peut conduire à des solutions intégrant différentes perspectives. Dans l'ensemble, cette section souligne que le respect de la diversité des opinions est un élément fondamental pour des relations interpersonnelles saines, encourageant la compréhension mutuelle et la coexistence pacifique.

L'importance d'éviter les stéréotypes et les préjugés dans les interactions sociales pour favorise des relations respectueuses. Remettre en question ces stéréotypes courants est crucial pour éviter les préjugés afin d'éviter des perceptions erronées qui peuvent être corrigées par un examen critique. L'importance de faire preuve d'empathie pour comprendre les expériences individuelles au-delà des préjugés, peut briser les barrières causées par des préjugés. Encourager la diversité et l'inclusion peut contrer les préjugés et montrer comment créer des espaces accueillants pour tous renforce le respect mutuel.

L'éducation sur la diversité peut jouer un rôle majeur dans la lutte contre les stéréotypes, affirmant comment une compréhension approfondie des différentes cultures peut prévenir les préjugés. L'idée de promouvoir la représentation juste dans les médias et la société pour contrer les stéréotypes, montre comment une représentation équilibrée contribue à une perception plus nuancée, mettant en avant l'idée que la remise en question des stéréotypes, la pratique de l'empathie, l'encouragement de la diversité, l'éducation sur la diversité et la promotion d'une représentation juste sont des éléments essentiels pour éviter les préjugés dans les interactions sociales.

Exemples :

Marie a remis en question le stéréotype selon lequel les personnes âgées ne sont pas technologiquement compétentes en aidant ses collègues plus jeunes à maîtriser de nouvelles technologies. Cette action a démontré que les compétences ne sont pas déterminées par l'âge, contrecarrant ainsi le stéréotype associé.

Paul, initialement confronté à des préjugés envers une nouvelle collègue portant un voile, a choisi de faire preuve d'empathie en engageant une conversation ouverte. En apprenant davantage sur les expériences de sa collègue, il a brisé les préjugés et construit une relation basée sur la compréhension mutuelle.

Dans une entreprise, la mise en place d'initiatives favorisant la diversité a conduit à la création d'un comité inclusif. Cela a renforcé le respect mutuel en créant un environnement où chaque employé se sentait valorisé, indépendamment de ses origines.

Sarah, en tant qu'éducatrice, a intégré des modules sur la diversité dans son programme. En exposant les élèves à différentes cultures et perspectives, elle a contribué à prévenir les préjugés en favorisant une compréhension approfondie et respectueuse.

Une campagne publicitaire mettant en avant une variété de corps et d'apparences a contribué à promouvoir une représentation juste dans les médias. Cette initiative a eu un impact positif en luttant contre les stéréotypes liés à l'apparence physique.

Ces exemples et anecdotes soulignent l'importance de remettre en question les stéréotypes, de faire preuve d'empathie, d'encourager la diversité, d'éduquer sur la diversité et de promouvoir une représentation juste pour contrer les préjugés. Ils mettent en évidence la puissance de ces actions pour créer des interactions sociales respectueuses, fondées sur une compréhension authentique plutôt que sur des préjugés superficiels.

La section sur l'évitement des stéréotypes et des préjugés met donc en évidence des approches concrètes pour favoriser des interactions sociales respectueuses et inclusives. Les exemples précis et les anecdotes poignantes illustrent comment remettre en question les stéréotypes, pratiquer l'empathie, encourager la diversité et l'inclusion, éduquer sur la diversité, et promouvoir une représentation juste peuvent contrer les préjugés.

L'exemple de Marie remettant en question le stéréotype lié à l'âge démontre comment les compétences ne doivent pas être préjugées en fonction de la génération. L'anecdote de Paul montre comment la pratique de l'empathie peut briser les barrières et favoriser une compréhension mutuelle, même dans des situations potentiellement délicates.

La promotion de la diversité et de l'inclusion, illustrée par l'exemple de l'entreprise, met en avant comment créer un environnement où chacun se sent valorisé, indépendamment de ses origines. L'anecdote de Sarah souligne l'impact de l'éducation sur la diversité pour prévenir les préjugés en favorisant une compréhension approfondie.

Enfin, l'exemple de la campagne publicitaire met en évidence comment promouvoir une représentation juste dans les médias peut influencer positivement les perceptions et lutter contre les stéréotypes. Dans l'ensemble, cette section souligne la nécessité de s'engager activement dans des pratiques qui défient les préjugés, contribuant ainsi à des interactions sociales plus égalitaires et respectueuses.

La communication non violente favorise des interactions respectueuses et éviter les comportements offensants. Les quatre étapes clés de la communication non violente (observation, sentiment, besoin, demande) détaille comment cette approche peut transformer les échanges. Eviter le blâme et la critique crée un espace de communication plus ouvert et cette pratique peut prévenir les conflits inutiles. Privilégier l'empathie dans la communication permet de comprendre les émotions et les besoins des autres et favorise des relations plus harmonieuses.

La communication non violente peut être un outil puissant pour résoudre les conflits de manière constructive. Des histoires illustreront comment cette approche peut conduire à des solutions mutuellement bénéfiques. L'idée de promouvoir un langage positif dans la communication quotidienne, montrant comment les mots choisis peuvent influencer positivement les interactions. La pratique de la communication non violente est fondamentale pour des échanges respectueux, encourageant une compréhension profonde et prévenant les conflits inutiles.

Exemples :

Lors d'une réunion tendue, Jean a appliqué les étapes de la communication non violente pour exprimer son point de vue. En observant les faits, exprimant ses sentiments, identifiant ses besoins et formulant une demande claire, il a transformé une discussion potentiellement conflictuelle en un dialogue constructif.

Alice, confrontée à une situation délicate au travail, a choisi d'éviter le blâme en se concentrant sur la description des faits plutôt que sur des accusations. Cette approche a ouvert la porte à une discussion ouverte et à la résolution du problème.

Kevin, lors d'une négociation délicate, a privilégié l'empathie en écoutant attentivement les préoccupations de l'autre partie. En comprenant les émotions et les besoins de chacun, ils ont pu trouver un compromis mutuellement satisfaisant.

Anna et Carlos, confrontés à un conflit au sein de leur équipe, ont utilisé la communication non violente pour exprimer leurs besoins et trouver des solutions. Le résultat a

La section sur la pratique de la communication non violente met en avant des principes fondamentaux pour des échanges respectueux et constructifs. Les exemples précis et les anecdotes poignantes illustrent comment l'application des étapes de la communication non violente peut transformer des discussions tendues en dialogues constructifs.

L'exemple de Jean démontre comment l'utilisation des quatre étapes (observation, sentiment, besoin, demande) peut permettre une expression claire et non conflictuelle des opinions, ouvrant ainsi la voie à une résolution positive.

L'anecdote d'Alice met en lumière l'efficacité d'éviter le blâme et la critique pour résoudre des situations délicates. En se concentrant sur les faits plutôt que sur les accusations, elle a favorisé une discussion ouverte et une résolution pacifique.

L'histoire de Kevin souligne l'importance de privilégier l'empathie dans la communication, montrant comment la compréhension des émotions et des besoins de chacun peut conduire à des compromis mutuellement satisfaisants.

Enfin, l'anecdote d'Anna et Carlos démontre comment la communication non violente peut être un outil puissant pour résoudre les conflits de manière constructive, en favorisant une compréhension mutuelle et en trouvant des solutions collaboratives.

Cette section souligne ainsi l'impact positif de la communication non violente dans la promotion d'échanges respectueux, soulignant que la manière dont nous communiquons peut grandement influencer la qualité de nos relations interpersonnelles.

Reconnaître et corriger les erreurs pour maintenir des relations respectueuses, évite les comportements offensants. La reconnaissance des erreurs est cruciale établit la confiance et prévenir les malentendus. La transparence face à ses erreurs peut renforcer les relations. Prendre la responsabilité personnelle de ses actions, permet d'assumer ses erreurs plutôt que les nier peut contribuer à un environnement plus respectueux. L'art de s'excuser de manière authentique par des excuses sincères peut réparer des relations potentiellement endommagées.

La correction des erreurs avec des actions tangibles est essentielle pour restaurer la confiance. La démonstration d'un engagement réel à changer renforce les relations. Apprendre des erreurs passées pour favoriser une croissance personnelle et des relations plus solides, transforme les erreurs en opportunités d'amélioration. La reconnaissance des erreurs, la prise de responsabilité, des excuses authentiques, la correction avec des actions concrètes, et l'apprentissage continu sont des éléments cruciaux pour maintenir des relations respectueuses et harmonieuses.

Exemples :

Sarah, après avoir commis une erreur dans un projet, a choisi d'en informer immédiatement son équipe. La transparence de Sarah a conduit à une collaboration accrue pour résoudre le problème, renforçant la confiance au sein de l'équipe.

Jean a pris la responsabilité de son oubli qui avait affecté un collègue. Plutôt que de chercher des excuses, il a admis son erreur, ce qui a contribué à maintenir une atmosphère de travail respectueuse et honnête.

Alice, réalisant qu'elle avait blessé les sentiments d'un ami par inadvertance, a présenté des excuses sincères en exprimant sa compréhension des conséquences de ses paroles. Cette démarche a rétabli la confiance et renforcé leur amitié.

Kevin, après une erreur majeure dans un projet, a pris des mesures immédiates pour corriger les erreurs, montrant ainsi son engagement à rectifier la situation. Ses actions ont rétabli la confiance de l'équipe et ont conduit à une amélioration significative du projet.

Maria, confrontée à des erreurs dans sa gestion précédente, a utilisé ces expériences comme levier pour perfectionner ses compétences de leadership. Elle a transformé ces erreurs en opportunités d'apprentissage, devenant ainsi une responsable plus efficace.

Ces exemples et anecdotes soulignent l'importance de reconnaître et corriger les erreurs dans divers contextes. Ils montrent comment la transparence, la prise de responsabilité, des excuses sincères, la correction proactive et l'apprentissage continu sont des aspects essentiels pour prévenir les malentendus, renforcer la confiance et maintenir des relations respectueuses.

La reconnaissance et la correction des erreurs souligne de manière percutante l'importance de l'humilité et de l'intégrité dans les interactions humaines, mettant en évidence comment la transparence face aux erreurs, la prise de responsabilité, des excuses authentiques, la correction proactive, et l'apprentissage continu sont des éléments clés pour maintenir des relations respectueuses et harmonieuses.

La démarche de Sarah, reconnaissant immédiatement une erreur dans un projet, montre comment la transparence peut favoriser la collaboration et renforcer la confiance au sein d'une équipe. L'anecdote de Jean démontre l'impact positif de prendre la responsabilité personnelle, contribuant à une atmosphère de travail honnête.

L'histoire d'Alice illustre comment des excuses sincères peuvent réparer des relations potentiellement endommagées. De même, l'exemple de Kevin démontre l'importance de corriger les erreurs avec des actions tangibles, rétablissant ainsi la confiance au sein de l'équipe.

Enfin, l'expérience de Maria souligne comment apprendre des erreurs passées peut conduire à une croissance personnelle significative. Dans l'ensemble, cette section souligne que la reconnaissance des erreurs et l'engagement à les corriger sont des aspects cruciaux pour maintenir des relations respectueuses, établir la confiance et favoriser un environnement propice à la croissance personnelle et collective.

CONCLUSION

Ce livre a exploré de manière approfondie les règles de savoir-vivre, la courtoisie, la communication non violente, la reconnaissance et la correction des erreurs. À travers ses chapitres structurés et des sections riches en exemples et anecdotes, il offre un guide pratique pour cultiver des interactions respectueuses et harmonieuses dans divers contextes de la vie quotidienne. Chaque chapitre se concentre sur un aspect spécifique du savoir-vivre, détaillant des principes fondamentaux, fournissant des exemples concrets et illustrant des anecdotes poignantes. L'analyse approfondie de chaque sujet offre aux lecteurs une compréhension pratique des comportements et attitudes qui contribuent à des relations humaines positives.

L'ouvrage commence par établir les bases du savoir-vivre, mettant en avant l'importance des salutations courtoises, de l'expression de la politesse au quotidien, et de la politesse dans des contextes spécifiques tels que la famille et le couple. Chaque section est enrichie par des anecdotes engageantes, démontrant comment ces principes peuvent être appliqués de manière concrète. La partie sur la communication non violente offre un outil précieux pour une communication respectueuse.

Les quatre étapes, éviter le blâme et la critique, privilégier l'empathie, résoudre les conflits de manière constructive, et promouvoir un langage positif, sont détaillées avec des exemples qui rendent la théorie accessible et applicable. La reconnaissance et la correction des erreurs sont abordées de manière approfondie, soulignant l'importance de l'humilité, de la transparence, et de l'apprentissage continu dans le maintien de relations saines.

Ce livre offre un guide pratique pour cultiver une approche respectueuse de la vie quotidienne, renforçant la conviction que la courtoisie, la communication non violente, et la reconnaissance des erreurs sont des éléments essentiels pour bâtir des relations épanouissantes et contribuer à un art du vivre ensemble harmonieux, offrant une plongée profonde dans l'art du savoir-vivre, explorant les nuances de la courtoisie, la puissance de la communication non violente, et l'importance cruciale de reconnaître et corriger les erreurs. À travers des chapitres riches en exemples et anecdotes, il trace un guide pratique pour édifier des relations respectueuses et harmonieuses dans toutes les facettes de la vie.

L'essence de ces enseignements réside dans la conviction que la politesse n'est pas simplement une série de règles rigides, mais plutôt une philosophie qui célèbre l'humanité dans toute sa diversité. Des salutations courtoises aux gestes quotidiens de politesse, chaque interaction devient une occasion de renforcer les liens humains. La communication non violente émerge comme un outil puissant, offrant une approche structurée pour des échanges empreints de respect et de compréhension. Les exemples pratiques montrent comment cette approche peut transformer les conflits en opportunités de croissance et de connexion authentique.

La section sur la reconnaissance et la correction des erreurs souligne la valeur de l'humilité et de la responsabilité personnelle dans le maintien de relations saines. Les anecdotes inspirantes illustrent comment l'admission franche des erreurs peut être un catalyseur puissant pour la croissance personnelle et le renforcement des liens interpersonnels.

Dans l'ensemble, ce livre s'adresse à tous ceux qui aspirent à vivre une vie empreinte de respect, de compréhension et d'authenticité. Il rappelle que l'art du savoir-vivre n'est pas simplement un ensemble de règles formelles, mais une approche vivante qui enrichit notre existence quotidienne et contribue à l'épanouissement de la communauté humaine. À travers ces pages, les lecteurs sont invités à embrasser une vision où la courtoisie, la communication bienveillante et la croissance personnelle forment les fondements d'un art du vivre ensemble éclairé.

Dans ce voyage à travers les pages de ce livre, nous avons exploré les subtilités de la politesse, la beauté de la communication non violente et la force transformative de la reconnaissance des erreurs. À chaque étape, nous avons rencontré des personnages vivants à travers des exemples concrets et des anecdotes poignantes, témoignant de la richesse de l'expérience humaine.

Ce livre aspire à être bien plus qu'un guide ; il vise à être une invitation à repenser la manière dont nous interagissons les uns avec les autres. Il nous rappelle que la courtoisie va au-delà de simples formalités, qu'elle réside dans la manière dont nous traitons chaque être humain avec respect, empathie et considération. La communication non violente devient une lanterne éclairant nos chemins à travers les dédales des interactions humaines. Elle nous enseigne que chaque mot, chaque geste peut être une occasion de construire plutôt que de détruire, de comprendre plutôt que de juger.

La section sur la reconnaissance et la correction des erreurs nous guide sur la voie de la croissance personnelle. Elle nous invite à embrasser nos imperfections, à reconnaître nos erreurs comme des opportunités d'apprentissage, et à partager cette humanité commune qui nous lie tous.

En fin de compte, ce livre offre une vision où la politesse, la communication respectueuse et la rédemption personnelle forment une toile tissée de fils de connexion humaine. Il suggère que la vraie richesse réside dans la qualité de nos relations, dans la manière dont nous traitons ceux qui croisent notre chemin.

Que ces enseignements résonnent dans nos interactions quotidiennes, que la courtoisie devienne notre compagne constante, que la communication non violente colore nos dialogues et que la reconnaissance des erreurs soit notre guide vers un savoir-vivre empreint de sagesse et de compréhension mutuelle. À travers ces pages, nous sommes appelés à participer à la création d'un monde où le respect, la bienveillance et la croissance personnelle forment les piliers de notre existence commune.

Et ainsi, comme la dernière page de ce livre se tourne, permettez-moi de vous partager une anecdote légère qui illustre la beauté de la courtoisie dans nos vies quotidiennes : Un jour, dans un café animé, deux amis se retrouvent pour discuter. Alors qu'ils sont plongés dans une conversation animée, un serveur s'approche avec un plateau portant deux tasses de café. En tentant de les placer sur la petite table déjà bien chargée, une tasse bascule dangereusement vers le bord. Avant même que l'accident ne se produise, un homme assis à la table voisine, sans hésitation, tend habilement sa main et rattrape la tasse en équilibre précaire. Un sourire lumineux se dessine sur son visage, et il adresse un clin d'œil complice aux amis ébahis.

La scène aurait pu être simplement une situation maladroite, mais elle se transforma en un moment charmant de courtoisie spontanée. Les amis remercièrent chaleureusement leur inattendu sauveur, et ce geste imprévu devint un fil qui tissa une connexion éphémère mais significative entre des étrangers.

Ainsi se termine notre voyage à travers les pages de ce livre. Puissent ces enseignements sur la courtoisie, la communication respectueuse et l'acceptation des erreurs résonner dans nos vies, transformant chaque interaction en une opportunité de créer des liens et de répandre un peu plus de gentillesse dans notre monde.

Je vous remercie de vous être plongé dans ces réflexions avec moi, et je vous souhaite des jours empreints de courtoisie, de compréhension et de joyeux moments partagés. À la vôtre !

POSTFACE

Eh bien, cher lecteur, vous avez parcouru tout ce chemin avec moi ! Félicitations, vous méritez une médaille en chocolat (ou un emoji virtuel, mais nous nous engageons à rester sérieux ici, n'est-ce pas ?)

À la fin de ce voyage dans le monde délicieusement complexe du savoir-vivre, permettez-moi de vous offrir quelques mots légers pour conclure notre périple. Imaginez cette postface comme le moment où vous avez terminé un repas exceptionnel et où le serveur arrive avec le dessert.

Cet ouvrage, c'est un peu comme une grande fête, où les règles de savoir-vivre sont les invités d'honneur. La politesse, la communication non violente, la reconnaissance des erreurs – tous ces VIP qui apportent un peu de glamour à nos interactions quotidiennes.

Et maintenant, comme dans tout bon livre, nous devons tourner la dernière page. Mais n'ayez crainte, cela ne signifie pas la fin des salutations courtoises ou des dialogues respectueux dans votre vie. Au contraire, considérez cela comme le début d'une nouvelle ère de savoir-vivre éclairé !

Souvenez-vous, la politesse ne se limite pas à dire « s'il vous plaît » et « merci ». C'est comme un cocktail raffiné : un mélange subtil d'attentions, de sourires et de gestes sincères. Alors, que votre vie soit une célébration continue de ces petits moments courtois qui la rendent plus délicieuse.

Pour conclure, je vous laisse avec cette pensée : la politesse, c'est un peu comme du bon parfum. Ça ne coûte rien, mais ça peut transformer complètement l'atmosphère. Alors, vaporisez un peu de « Savoir-vivre » chaque jour, et observez comment votre monde s'épanouit autour de vous.

Merci d'avoir partagé ce moment avec moi. Que vos jours soient pleins de rires, de politesse, et bien sûr, de moments qui ajoutent un peu de sucre dans votre café de la vie !

À la vôtre !

L'auteur, avec un clin d'œil complice, **Fabrice NOUANGA**

Printed by Books on Demand GmbH, Norderstedt / Germany